ÊTRE HEUREUX

SUR LA TERRE

VIVRE 100 ANS

ET PLUS, ETC.

CURIEUX — INDISPENSABLE

Par M. V., D.

OFFICIER D'ACADÉMIE
ANCIEN DÉLÉGUÉ DU CONSEIL DÉPARTEMENTAL DE L'INSTRUCTION PUBLIQUE
DE PLUSIEURS CANTONS RURAUX
BOTANISTE-MÉDICAL
TITRE DE L'ÉCOLE SUPÉRIEURE DE PHARMACIE DE PARIS

PRIX : 2 FRANCS

PARIS
LIBRAIRIE DE LA PORTE SAINT-DENIS
A. TARIDE
16, 18 ET 20, BOULEVARD SAINT-DENIS
ET CHEZ TOUS LES LIBRAIRES DE PARIS, DE FRANCE ET DE L'ÉTRANGER

1888

LES MOYENS ASSURÉS

D'ÊTRE HEUREUX SUR LA TERRE

DE

VIVRE CENT ANS ET PLUS

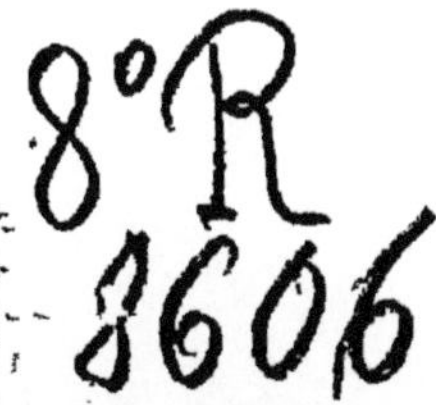

LES MOYENS ASSURÉS

D'ÊTRE

HEUREUX SUR LA TERRE

DE

VIVRE CENT ANS

ET PLUS

AVEC UNE INFINITÉ DE CHOSES UTILES ET PRÉCIEUSES A CONNAITRE

OUVRAGE TRÈS CURIEUX, UNIQUE EN SON GENRE, INDISPENSABLE
A TOUT LE MONDE

Rédigé en termes compréhensibles

Par M. V...-D...

Officier d'Académie
Ancien Délégué du Conseil départemental de l'Instruction publique,
de plusieurs cantons ruraux
Botaniste médical, Titré de l'École supérieure de Pharmacie
de Paris.

PARIS

LIBRAIRIE DE LA PORTE SAINT-DENIS

A. TARIDE

16, 18 ET 20, BOULEVARD SAINT-DENIS

ET

Chez tous les Libraires de Paris, de la France et de l'Étranger

1888

Tous droits réservés.

AVANT-PROPOS

L'Ouvrage qui va suivre est divisé en deux parties principales :

La première fait connaître les Moyens assurés d'ÊTRE HEUREUX sur la terre.

Excepté quelques articles, additions, explications et changements faits dans cette première partie par celui qui a l'honneur de l'offrir au public, elle est l'Œuvre admirable d'un des plus grands Moralistes des siècles passés, dont le nom n'a pu être révélé.

Les six derniers articles de cette première partie, qui sont ceux de :

Philanthropie (conservation ou protection de l'espèce humaine) ;

Réfutation d'une pensée qui, à tort, semble encore faire croire aux hommes que la Guerre, le plus grand des malheurs, etc. ;

Du *Célibat*, en général (ses inconvénients);

Un *mot* sur la définition de l'enseignement, etc. ;

Avis sur le choix d'un État ;

Recommandation aux Écoliers qui ont cessé de fréquenter l'école ;

Conseils aux Vieillards sur les dons et libéralités, etc. ;

Sont susceptibles d'être particulièrement signalés à l'attention des *Familles.*

La deuxième partie indique les Moyens assurés de VIVRE CENT ANS et plus, dont une des principales bases est celle de l'*Hygiène perfectionnée* ; aussi, a-t-on soigneusement relaté tout ce qui a trait à la conservation de la santé, à la longévité ou à la prolongation de la durée de la vie humaine.

Ensuite, dans cette deuxième partie, on donne de précieuses explications méthodiques sur les bienfaits de la Friction comme moyen curatif très hygiénique puisqu'elle est susceptible de calmer, même, dans beaucoup de cas, de guérir les douleurs et les maladies, que, souvent, il est impossible à la Science de connaître, et, par suite, reconnues incurables, parce qu'elles n'avaient pu être guéries par les remèdes de la Médecine ordinaire.

En outre, on fait connaître les principales causes de la *Dégénérescence* ou pertes des forces vitales des races humaines de nos jours, comparativement à la constitution de celles de nos aïeux.

A la suite, se trouvent :

Beaucoup d'autres choses utiles à savoir dans l'intérêt de l'existence, de la santé, etc. ;

Un *Dictionnaire* alphabétique des *Maladies Simples,* dont le nom de chacune d'elles est expliqué en *termes compréhensibles*, avec l'indication des substances végétales ou Plantes pouvant les guérir, etc. ;

Une longue dissertation ou récit sur les vertus et les propriétés de la *Véronique mâle* ou *Thé d'Europe*. Ses heureuses et nombreuses guérisons, etc., etc. ; elle peut, avantageusement, remplacer le *Thé de Chine* ;

Une explication sur les vertus et bons effets de la Carotte grillée, réduite en poudre, comme médicament, étant préparée comme le café et prise en breuvage ;

La Composition d'une précieuse Tisane apéritive, tempérée, possédant une infinité de vertus ;

La propriété d'une Racine ;

La quintessence, ou merveilleuse Recette d'un Élixir.

Les noms des auteurs qui ont révélé ou fait connaître ces trois dernières choses, et qui en ont fait usage, sont cités. Ils ont vécu cent vingt-cinq, cent vingt et cent douze ans.

Et, successivement, après quelques autres moyens curieux, utiles et importants à connaître, se trouvent encore :

Un long résumé de la *Médecine des anciens*, telle qu'elle était encore pratiquée il y a près d'un siècle. Leurs médications et remèdes ;

Une Remarque sommaire ou abrégée des

Mœurs et de la manière de Vivre de nos Aïeux d'autrefois ;

Un *Cri d'Alarme* ou appel à tout le monde pour parvenir aux moyens d'empêcher ou de faire cesser l'abus flagrant ou criminel de la falsification ou sophistication des denrées alimentaires ou des boissons, qui peuvent échapper à la surveillance de ceux qui sont chargés de les découvrir, pour en faire punir les coupables, puisque c'est une des causes de beaucoup de maladies ; et de la fin prématurée de notre existence ;-

Comme *Curiosité*, on indique :

Les noms des principales *substances* susceptibles de remplacer le Café des Iles ;

Le Tabac à fumer, celui à chiquer ou à mâcher ;

Les moyens de remplacer la Goutte ou le petit verre du matin ;

Ceux de prévenir l'Ivresse et de la faire cesser, etc.

Enfin, l'ouvrage est terminé par un *Guide de prévoyance*, à l'usage des rentiers, fonctionnaires, employés et travailleurs, qui désirent savoir, de suite, ce qu'ils ont à dépenser ou à payer, chaque jour, à raison de leur revenu, traitement ou salaire, et par an.

PREMIÈRE PARTIE

LES
MOYENS ASSURÉS D'ÊTRE HEUREUX
SUR LA TERRE

> Une des meilleures conditions essentielles à pratiquer pour être Heureux sur la terre, c'est, outre les devoirs moraux envers la société et soi-même, mentionnés dans cet ouvrage, savoir proportionner ses désirs à ses moyens, et avoir le goût des désirs possibles.

PROLOGUE

Habitants de l'univers, élevez vos regards vers l'immensité, soyez réfléchis et silencieux, écoutez avec vénération les instructions qui vont suivre et celles qui suivront, elles ont été inspirées par une volonté surnaturelle pour assurer le bonheur et rendre heureux sur la terre ceux qui les pratiqueront.

Partout où le Soleil luit, cet astre majestueux qu'on pourrait croire être associé aux bienfaits du Souverain Maître, gouverneur de toutes choses; partout où le vent souffle; partout où il y a des oreilles pour entendre ; partout où il y a des esprits ouverts à l'intelligence, que les préceptes qui doivent régler l'existence y soient enseignés, connus et observés ; que les maximes de la vérité y soient honorées et suivies.

Toutes choses procèdent de CELUI qui est aussi nécessaire aux hommes que la liberté ! qu'on le nomme DIEU, ÊTRE-SUPRÊME, Jéhovah (Dieu des Hébreux, les Juifs), Allah (Dieu des Mahométans), ou AUTREMENT, son pouvoir est sans bornes ; sa sagesse est de toute éternité, et sa bonté dure à jamais.

Il est assis sur son trône dans le centre du monde, et le souffle de sa bouche répand partout la vie.

Il touche les étoiles de son doigt, et elles poursuivent leur course avec joie.

Il se promène sur les ailes du vent, et il exécute son bon plaisir dans toutes les régions de l'espace illimité.

L'ordre, la grâce et la beauté partent de sa main.

La sagesse brille dans toutes ses œuvres, mais l'intelligence humaine ne l'aperçoit point.

L'ombre de la science passe sur l'esprit de l'homme comme un songe, il voit comme dans les ténèbres, il raisonne et s'égare.

Mais la sagesse de l'Eternel est comme la lumière du ciel ; il ne raisonne point ; son entendement est la source de la vérité.

La Justice et la Clémence attendent ses ordres.

aux pieds de son trône ; la bienveillance et l'amour sont les rayons de sa gloire éternelle.

Qui est semblable au Seigneur en Majesté! Quel est l'Être dont le pouvoir peut approcher celui du Tout-Puissant! En est-il aucun qui l'égale en sagesse! En est-il aucun qui puisse lui être comparé en bonté!

C'est lui, ô homme, qui vous a créé ; il vous a assigné votre poste sur la terre ; les facultés de votre esprit sont les dons de sa bienveillance ; les merveilles de votre structure, ou conformation, l'ouvrage de ses mains.

Ecoutez donc sa voix divine puisqu'elle ne parle que de bonheur et de paix, celui qui en suivra les préceptes tendra vers la perfection, en s'assurant le repos de son ESPRIT ici-bas, et celui de l'admission de son AME au lieu de la félicité éternelle dans le glorieux séjour des justes et bons.

DE LA NATURE DU SOLEIL
(ASTRE SUBLIME)

O Soleil! sublime par excellence, flambeau majestueux qui éclaire le monde, dont les innombrables rayons échauffent l'Univers, et dont la vue réjouit tout ce qui existe dans la nature : Salut, ô le plus noble des astres, car sans la lumière du Soleil tout périrait sur la terre.

Cet astre merveilleux, dont l'essence semble participer de

DE L'AME
(ORIGINE DE LA VIE)

Quintessence de l'existence, l'Ame dont les pensées et les actions émanent de certains principes plus ou moins bons ayant trait à la suprématie du Très-Haut, selon qu'elle a été plus ou moins bien perfectionnée par des motifs surnaturels, peut être considérée comme immortelle.

A la mort de l'être qui la possède, l'Ame étant mêlée à

la Divinité, a été l'objet d'un culte de là part de nombreuses peuplades de l'Antiquité, à cause des bienfaits qu'il n'a jamais cessé de répandre sur toute la surface du globe.

Le Soleil, vers lequel nous élevons instinctivement notre âme, notre cœur et nos pensées, prédispose à l'extase : rien de plus digne d'exciter l'admiration.

l'air ou souffle, qui, alors, s'échappe des voies respiratoires, prend son essor vers l'immensité où elle est appelée à occuper une place qui lui a été assignée par l'Être-Suprême; celle-ci est en rapport avec la manière dont elle a pratiqué la vertu et l'amour du bien pour ses semblables pendant son séjour sur la terre.

L'Ame, selon les écritures (la Bible), sera au jour du Jugement définitif, examinée, et, selon ses actions, sera ou appelée à jouir du bonheur des justes ou bons, ou condamnée à subir des peines en rapport avec sa méchanceté.

ARTICLE PREMIER

DES DEVOIRS INDIVIDUELS DE L'HOMME

RÉFLEXION

(Action d'un esprit réfléchi ou pensée qui en résulte.)

Réfléchissez, ô homme, pensez et considérez la fin pour laquelle vous avez été formé.

Réfléchissez sur vos facultés, sur vos besoins et sur vos diverses relations; ainsi vous apprendrez à connaître vos devoirs et à vous diriger dans toutes vos actions.

Ne vous hasardez pas à parler avant que vous

ayez pesé vos paroles ; ne vous hasardez pas à agir avant que vous ayez examiné quelle pourrait être l'issue de chacune de vos démarches ; ainsi le déshonneur s'enfuira loin de vous, la honte sera étrangère dans votre maison, le repentir n'entrera point par vos portes, et la tristeste n'habitera pas sur votre front.

L'homme sans réflexion ne tient point en bride sa langue ; il parle à l'aventure, et il est enlacé par l'imprudence de ses propres paroles.

Comme celui qui dans une course rapide, franchissant inconsidérément une haie, court le risque de tomber dans la fosse qu'il n'avait point aperçue, tel est l'homme qui a le malheur de faire quelque action avant d'en avoir envisagé les suites.

Prêtez donc l'oreille à la voix de la réflexion ; ses paroles sont les paroles de la sagesse, et ses conseils vous conduiront au chemin de la vérité et du bonheur.

ARTICLE II

MODESTIE

(Pudeur, simplicité dans les mœurs et retenue dans les paroles.)

Qui êtes-vous, ô homme, qui vous glorifiez de votre sagesse? Ou pourquoi vous vantez-vous de votre science?

Le premier pas vers la sagesse est de vous convaincre de votre ignorance. Ne voulez-vous pas passer pour fou dans l'esprit des autres: défaites-vous de la folle prévention de vous croire sage.

Comme un vêtement simple est la parure la plus avantageuse à une belle femme, ainsi un maintien décent est le plus grand ornement de la sagesse.

Le langage de l'homme modeste donne du lustre à la vérité, la défiance qu'il a de lui-même excuse ses erreurs.

Il ne se repose point sur sa sagesse; il pèse les conseils d'un ami, et il en fait son profit.

Il ferme l'oreille à la voix qui le loue; il est le dernier à s'apercevoir de son mérite.

Cependant les ombres que sa modestie répand sur ses vertus, les placent dans le plus beau jour, comme un voile léger relève l'éclat de la beauté qu'il couvre.

Mais considérez l'homme vain, ou hautain et fier, et observez l'homme arrogant, ou orgueilleux, il se pare d'un habillement riche ; il se produit dans les endroits les plus fréquentés; il jette ses regards tout à l'entour de lui, et il cherche à s'attirer ceux des autres.

Il marche la tête haute, et ses yeux ne tombent pas sur le pauvre; il traite ses inférieurs avec insolence, mais aussi ceux qui sont au-dessus de lui, portent sur son fol orgueil un regard de dérision.

Il dédaigne le jugement d'autrui; il n'a de confiance qu'au sien propre, et se trouve confondu.

Il est infatué de la vanité de son imagination; il prend plaisir à parler et à entendre parler de lui tout le long du jour.

Il avale avec avidité sa propre louange, et le flatteur, à son tour, le dévore.

ARTICLE III

APPLICATION

(Bon emploi de son temps.)

Puisque les jours passés sont disparus pour toujours, et que ceux qui sont à venir peuvent n'arriver jamais jusqu'à vous, il vous importe, ô homme, d'employer le présent sans regretter la perte du passé, et sans trop compter sur l'avenir:

Cet instant est à vous, celui qui doit le suivre est dans les abîmes de l'avenir, et vous ne savez point ce qu'il pourra vous apporter.

Ce que vous projetez, exécutez-le sans délai, ne renvoyez pas jusqu'au soir ce que vous pouvez faire le matin.

L'oisiveté produit le besoin et le tourment, mais le travail de la vertu rapporte du plaisir.

La main du diligent écarte le besoin; la prospérité accompagne l'homme actif et appliqué.

Qui est celui qui a acquis des richesses, qui est comblé .d'honneurs et de gloire, dont les louanges retentissent dans la cité, et qui se tient devant le Chef de l'Etat, en son conseil? C'est l'homme qui a interdit à l'oisiveté l'entrée de sa maison, et qui a dit à la fainéantise : Tu es mon ennemi.

Cet homme se lève de bon matin, et se couche tard; il exerce son esprit par la méditation, son corps par le travail, et il conserve la santé à l'un et à l'autre.

Le fainéant est à charge à lui-même, il dit le soir : Qui me fera voir le matin, et le matin, qui me fera voir le soir ? Il se traîne d'ennui en ennui, et ne sait point ce qu'il veut faire.

Ses jours se passent comme l'ombre d'un nuage, et il ne laisse après lui ni trace ni mémoire; son corps est affaibli faute d'exercice; il voudrait agir, mais il n'a pas la force de se mouvoir; son esprit est enveloppé de ténèbres, ses pensées sont confuses, il aimerait savoir, mais il ne saurait s'appliquer. Il désire manger du fruit de l'arbre et ne peut se donner la peine de le cueillir.

Sa maison est en désordre, la dissipation règne parmi ceux qui le servent; il court à sa ruine; il le voit de ses yeux; il l'entend de ses oreilles; il secoue la tête, et il se consume en souhaits sans rien résoudre, jusqu'au moment où la ruine l'enveloppe comme un tourbillon, et que la honte et les regrets descendent avec lui dans la tombe.

ARTICLE IV

ÉMULATION

(Désir d'égaler ou de surpasser quelqu'un
dans une chose louable.)

Si votre âme a soif de gloire, si votre oreille prend plaisir à la voix de la louange, sortez de la poussière où vous avez pris naissance et ne vous proposez pour but que des objets relevés.

Il fut un temps où ce chêne qui porte aujourd'hui sa tête dans les cieux, n'était qu'un gland caché dans les entrailles de la terre.

Travaillez à vous rendre le premier dans votre vocation ; ne permettez pas que personne vous devance en faisant bien ; ne portez point envie au mérite d'autrui, mais cultivez vos talents.

Gardez-vous d'employer des moyens indignes pour déprécier ou rabaisser un rival, tâchez de le surmonter en vertus ; ainsi, les efforts que vous ferez pour vaincre, s'ils ne sont couronnés de succès, le seront de gloire.

Par l'émulation l'esprit de l'homme s'anime ; il

entre avec ardeur dans la carrière, et il la fournit avec joie en fixant les yeux sur le prix.

Il tend vers ce qu'il y a de plus glorieux, ainsi que l'aigle qui prend son essor et fixe ses regards sur le soleil.

Les actions des grands hommes se présentent à son esprit dans les visions de la nuit, et son occupation journalière est de les imiter.

Il forme de grands desseins, et il se réjouit de les voir accomplis ; son nom vole jusqu'aux extrémités du monde.

Mais le cœur de l'envieux n'est que fiel et amertume, sa langue darde le venin.

Retiré dans un coin, il y est rongé de chagrin et le bien qui arrive à autrui est un tourment pour lui.

La haine et la malice le minent, et il ignore le repos.

Comme son cœur n'a aucun sentiment de bonté, il croit son prochain semblable à lui.

Il tâche de rabaisser ou avilir ceux dont le mérite est supérieur au sien, et il donne à toutes leurs actions une interprétation maligne.

Il se tient aux aguets et médite le mal, mais objet de la détestation des hommes, il est écrasé, comme l'araignée dans sa propre toile.

ARTICLE V

PRUDENCE

(Vertu qui a pour principe de faire connaître ce qu'il faut faire ou ne pas faire.)

Ecoutez les paroles de la prudence, faites attention à ses conseils et serrez-les dans votre cœur; ses maximes sont d'un usage universel ; c'est sur elles que les vertus s'approprient ; elle est le guide de la vie des hommes.

Tenez votre langue en bride et mettez un frein à vos lèvres, soyez maître de vos paroles afin d'assurer votre repos.

Que celui qui se moque du boiteux prenne garde à marcher droit lui-même; celui qui parle avec plaisir des fautes d'autrui entendra parler des siennes dans l'amertume de son cœur.

Trop parler conduit au repentir ; mais la sûreté est dans le silence.

Un grand parleur est le fléau de la société; l'oreille souffre de l'excès de ses paroles; c'est un torrent dont le bruit étourdit ceux qui l'approchent.

Ne vous vantez pas vous-même car vous amasserez du mépris, ni ne faites de personne un objet de dérision, car cela est dangereux.

La raillerie amère est le poison de l'amitié, et

celui qui ne saurait retenir sa langue, on souf-
frira.

Donnez-vous toutes les commodités sortables à
votre condition, cependant faites en sorte que vos
dépenses soient inférieures à vos ressources, afin
que la prévoyance de votre jeunesse fasse votre
consolation dans vos vieux jours.

Occupez-vous de vos propres affaires, laissez le
soin de l'Etat à ceux qui sont appelés à le gouver-
ner.

N'achetez pas les plaisirs à trop grand frais ; que
la peine de les acquérir n'excède pas la douceur
de la jouissance.

Soyez vigilant dans la prospérité et économe au
milieu de l'abondance ; celui qui se gorgera du
superflu vivra pour regretter le nécessaire.

Que l'expérience des autres vous enseigne la
sagesse, et apprenez de leurs fautes à corriger les
vôtres.

Ne vous fiez pas à un homme avant de l'avoir
éprouvé, cependant ne vous défiez point sans raison : la charité n'est pas soupçonneuse.

Lorsque vous vous serez assuré de la probité d'un
homme, serrez-le dans votre cœur comme un trésor, qu'il vous soit précieux comme un joyau ines-
timable.

Refusez les dons offerts par une main intéressée,
ce sont des pièges dont on ne pourra jamais vous
débarrasser.

N'employez pas aujourd'hui ce qui vous sera

demain nécessaire, et n'abandonnez point au hasard ce que vous pouvez prévoir et prévenir.

Cependant n'attendez point que votre prudence vous assure un succès infaillible, car le jour ne sait point ce que la nuit enfantera.

Le fou n'est pas toujours malheureux et le sage ne réussit point toujours, cependant le fou ne se procura jamais une satisfaction parfaite, et le sage ne fut jamais entièrement malheureux.

ARTICLE VI

FORCE

(Faculté d'agir et de renverser les obstacles.)

Les dangers, les malheurs, le besoin, les souffrances et les injures sont, plus ou moins, le lot assuré à tout homme qui vient au monde.

Il vous importe donc, enfant de misère, de vous armer de bonne heure de force et de patience contre la portion de maux qui vous est assignée.

Comme le chameau endure le travail, le chaud, la faim et la soif dans des déserts arides, ainsi la force de l'homme le soutiendra dans tous ses maux.

Celui qui a un cœur noble est au-dessus de la

malice de la fortune, sa grande âme ne s'abat jamais.

Il n'a pas fait dépendre son bonheur des souris de la fortune, et lorsqu'elle fronce le sourcil il n'en est pas consterné.

Ferme comme un rocher sur les bords de la mer, le choc des **vagues** ne saurait l'émouvoir.

Telle qu'une tour assise sur une montagne, il voit les traits de la fortune tomber à ses pieds.

A l'approche du danger son courage le soutient, et sa constance l'en fera triompher.

Il va à la rencontre des maux de la vie comme un guerrier au combat, et qui revient suivi de la victoire.

Est-il accablé de malheurs : sa patience en allège le poids, et sa fermeté l'en délivre.

Mais la lâcheté et le manque de courage le livrent à la honte.

Abattu par la pauvreté, il tombe dans la bassesse, et en souffrant lâchement l'insulte, il invite l'injure.

Comme le plus léger souffle de l'air agite un roseau, l'idée du moindre mal le fait trembler.

A l'heure du danger il est éperdu, au jour du malheur il succombe, et le désespoir accable son âme.

ARTICLE VII

CONTENTEMENT

(Joie, satisfaction, plaisir.)

N'oubliez point, ô homme, que votre poste ou emploi sur la terre vous est assigné par la sagesse de l'Eternel, qui connaît votre cœur, qui voit la vanité de tous vos souhaits, et qui souvent, par compassion, refuse d'accorder vos requêtes ou prières.

Cependant sa bonté vous permet d'espérer quand vous formez des désirs raisonnables, accompagnés d'efforts vertueux.

Dans les inquiétudes que vous sentez, dans les malheurs que vous déplorez, prenez garde aux sources d'où ils proviennent, à votre folie, à votre orgueil, aux caprices de votre imagination déréglée.

Ne murmurez donc point contre le dispensateur des biens et des maux ; mais corrigez votre cœur, ne dites point, en vous-même : si je pouvais goûter les douceurs du repos ; si j'avais des richesses ; si j'étais élevé en pouvoir, je serais heureux Sachez donc que chacune de ces choses apporte ses inconvénients à celui qui les possède.

Le pauvre ne sent point les rongements d'esprit du riche ; il n'éprouve point les perplexités où les embarras et les tourments de l'homme constitué en dignité, et il ne connaît point l'ennui du repos, c'est pourquoi il se dépite contre son sort.

N'enviez donc à personne son bonheur apparent, car vous ignorez ses chagrins secrets.

Se contenter de peu est un trait de la haute sagesse ; celui qui accroît ses biens augmente ses soins, et le contentement d'esprit est un trésor caché que le souci ne trouve jamais.

Si vous ne vous laissez point séduire aux appas de la fortune, jusqu'à lui sacrifier la justice, la tempérance, la charité ou la modestie, les richesses même ne sauraient vous rendre malheureux.

Apprenez donc que la coupe d'une félicité pure et sans mélange n'est point apprêtée pour l'homme mortel.

La vertu est la carrière que Dieu a assignée à l'homme, le bonheur en est le but, où personne n'arrive qu'à la fin de sa course, et ce n'est qu'alors qu'on reçoit la couronne.

Comme aussi, si, sans ostentation, ni orgueil, l'homme de bien qui a occupé une position élevée dans le monde, qui veut que sa mémoire subsiste après lui, doit, avant de mourir, laisser à la société un souvenir digne de la situation qu'il a pratiquée sur la terre.

ARTICLE VIII

TEMPÉRANCE

(Vertu qui règle ou modère les passions et les désirs
sensuels.)

Celui à qui le Ciel accorde la sagesse et la santé,
approche de la félicité le plus qu'il est possible en
deçà du tombeau.

Jouissez-vous de ces bénédictions et voulez-vous
les conserver jusque dans la vieillesse ? Evitez les
amorces de la *sensualité*, et fuyez ses tentations au
loin.

Quand elle étale sur sa table ses mets les plus
délicieux; quand son vin pétille dans sa coupe,
quand elle sourit et vous invite à vous livrer à la
joie, alors c'est l'heure du danger, et le moment
de prendre garde à vous.

Car vous êtes perdu si elle vient à bout de vous
séduire.

La joie qu'elle promet se change en fureur, et
ses plaisirs mènent aux maladies et à la mort.

Regardez autour de sa table ; jetez les yeux sur
ses convives ; observez ceux qui ont été gagnés
par ses caresses, qui ont prêté l'oreille à ses sé-
ductions. Regardez-les, qu'ils sont pâles, défaits
et usés !

Leurs momonts do délices sont suivis do journées d'ennui, d'abattement et do douleur; la bonne chère a corrompu et émoussé leur goût, au point do ne leur en plus laisser pour les mets les plus piquants . les adorateurs de l'idole en sont devenus les victimes ; effet juste et naturel que Dieu a établi dans l'ordre des choses pour la punition de ceux qui abusent de ses dons.

Mais, qui est-ce qui dans cette plaine s'avance d'une démarche aisée et d'un air vif ?

Les roses brillent sur son teint ; la fraîcheur du matin repose sur ses lèvres, la joie mêlée d'innocence et de modestie paraît dans ses yeux ; elle chante, car la sérénité ou le calme ainsi que la tranquillité règne dans son cœur.

La Santé est son nom ; elle est fille de l'Exercice, et la Tempérance est sa mère ; leurs fils habitent les montagnes qui s'étendent sur les régions méridionales tempérées de l'Eden ou Paradis de la terre.

Ils sont vaillants et agiles ; ils ont les grâces et les vertus de leur sœur.

La vigueur anime leurs nerfs ; la force habite dans leurs os, et le travail fait leurs délices.

L'exercice excite leur appétit, et la Tempérance maintient leurs forces.

Combattre les passions fait leur joie, vaincre de mauvaises habitudes leur gloire.

Leurs plaisirs sont modérés, et par là durables, leur sommeil est court, mais rafraîchissant et tranquille.

Ils ont le sang pur, l'esprit serein, et le médecin ignore le lieu de leur demeure. Cependant les fils des hommes ne sont pas faits pour jouir d'une tranquillité parfaite, elle ne se trouve point au dedans de leurs portes.

Tandis qu'un ennemi se cache au dedans pour les trahir, voyez-les exposés à de nouveaux dangers au dehors.

Leur santé, leur force et leur activité ont excité des désirs dans le sein de l'impure volupté.

Assise sur son trône elle cherche à s'attirer leur attention ; elle étale ses attraits, leur fait signe d'approcher.

Elle a le regard tendre ; son ajustement invite au plaisir ; les désirs parlent dans ses yeux ; la tentation réside sur son sein ; le charme est sur sa langue.

Ah ! fuyez loin de ses appas ; fermez votre oreille à ses discours enchanteurs ; si vous rencontrez son œil plein d'une douce langueur ; si vous vous arrêtez au son flatteur de sa voix ; si elle parvient à vous soumettre à son empire, vous êtes lié de chaînes pour toujours.

A sa suite se trouveront la honte, les maladies, le besoin, les soucis et le repentir.

Amolli par la fainéantise, énervé par l'Intempérance, noyé de débauche, la force désertera vos membres, la santé votre constitution ; vous compterez peu de jours, encore seront-ils couverts d'opprobre ; vos chagrins seront en grand nombre, et vous ne rencontrerez de pitié nulle part; la mort seule mettra fin à vos malheurs.

ARTICLE IX

DES PASSIONS

ESPÉRANCE	FRAYEUR, CRAINTE
(Attente de ce qu'on désire pour être heureux.)	(Appréhension, peur, épouvante.)

Les promesses de l'Espérance sont plus douces, elles flattent plus l'attente que le bouton de la rose quand il commence à s'épanouir; mais les menaces de la Crainte sont un épouvantail pour le cœur.

Que pourtant ni les illusions de l'Espérance, ni les frayeurs de la Crainte ne vous détournent point de faire ce qui est juste; ainsi vous serez préparé à aller à la rencontre de tous les événements avec une âme égale.

Les terreurs même de la mort ne sont point des terreurs pour les gens de bien; celui qui ne fait point de mal n'a rien à redouter.

Que dans toutes vos entreprises une confiance raisonnable anime vos efforts; si vous désespérez du succès, vous ne réussirez point.

N'effrayez pas votre âme par de vaines terreurs ; que les fantômes de l'imagination ne fassent pas frémir votre cœur au dedans de vous.

La Crainte fait tomber dans le malheur ; mais celui qui espère se soutient.

Comme l'autruche, quand elle est poursuivie, cache sa tête et laisse son corps à découvert, ainsi les frayeurs du lâche le trahissent.

Si vous vous figurez une chose impossible, votre découragement la rendra telle, mais par la constance vous surmonterez tous les obstacles.

Le vain espoir flatte le cœur de l'insensé, mais le sage ne s'y laisse pas séduire.

Que la raison règle tous vos désirs, renferme vos espérances dans de sages bornes, vos entreprises seront suivies de succès, et le chagrin de ne pas réussir n'affligera pas votre âme.

ARTICLE X

<table>
<tr><td>JOIE</td><td>TRISTESSE</td></tr>
<tr><td>(Satisfaction.)</td><td>(Affliction.)</td></tr>
</table>

Soyez en garde contre les transports de la joie, et ne vous laissez pas accabler par la douleur ; ce monde ne fournit point de biens si ravissants, ni n'a point de maux si cruels qu'ils doivent tirer l'âme de son assiette naturelle.

Voyez la demeure riante de la Joie! Elle est ornée de peintures au dehors. Ecoutez les éclats d'une troupe de gens ivres de plaisir et de vin.

La maîtresse se tient à la porte; sa bruyante voix se fait entendre en chants continuels et en rires immodérés.

Elle appelle les passants, les invite d'entrer pour goûter les plaisirs de la vie: Ce n'est qu'ici, dit-elle, qu'ils se trouvent.

Mais vous ne passez point le seuil de sa porte, ni ne vous associez point avec ceux qui fréquentent sa maison.

Ils se donnent le nom de fils de la Joie, ils rient et paraissent nager dans les plaisirs; mais toutes leurs accessions ou consentement ne sont que démence et folie.

La dépravation est le lien qui les unit, et leurs pas se précipitent au mal; les dangers les environnent de tous côtés, et l'abîme de la destruction s'ouvre au-dessous d'eux pour les engloutir.

Portez maintenant vos regards de l'autre côté, et voyez dans cette vallée couverte de l'ombre des arbres, et cachée à la vue des hommes, le séjour de la Tristesse.

Son cœur est gros de soupirs; elle ne s'occupe que des misères du genre humain.

Elle fixe les yeux sur les accidents ordinaires de la vie, et pleure; la faiblesse et la méchanceté de

.l'homme sont le sujet perpétuel de ses discours!

La nature entière ne lui paraît engendrer que des maux. Elle ne voit les objets qu'à travers le voile de son humeur noire, et l'on n'entend que des sons plaintifs sortir de sa bouche.

N'approchez point de sa retraite, son souffle est contagieux. Il flétrit les fleurs et brûle les fruits, qui sont l'ornement et le charme du jardin de la vie.

Que votre pied ne vous trahisse point. En évitant la demeure de la Joie et les approches du séjour de la Tristesse, gardez soigneusement la route du milieu, qui vous conduira au berceau de la Tranquillité.

Avec elle habitent la paix, la sûreté et le contentement.

Celui qui l'a trouvée porte la sérénité sur son visage.

Il est sérieux sans être morne.

Il voit du même œil les prospérités et les disgrâces.

De cette demeure paisible vous contemplerez, comme d'une hauteur, ceux qui se livrent à des joies désordonnées, et ceux qui consument leurs jours en plaintes sur les malheurs de la vie.

Vous regarderez en pitié leur folie et leur misère, et leurs égarements vous apprendront à conserver votre bonheur.

ARTICLE XI

COLÈRE

(Irritabilité qui porte à la violence.)

Comme un ouragan ou cyclone déracine les arbres et défigure la face de la nature, ou comme la terre par ses tremblements bouleverse des cités entières, ainsi la fureur de l'homme en colère jette du mal à l'entour de lui; le danger l'accompagne et la destruction le suit de près.

Mais considérez et n'oubliez point votre propre faiblesse, et vous pardonnerez aux autres leurs défauts.

Ne vous abandonnez point à la colère, c'est aiguiser une épée pour blesser votre propre sein, ou pour assassiner votre ami.

Si vous souffrez de légères injures avec patience, on les attribuera à votre sagesse, et si vous les effacez de votre souvenir, votre cœur ne vous fera point de reproche.

Ne voyez-vous pas que l'homme en colère perd son bon sens? Que le courroux d'autrui soit une leçon pour vous.

Ne faites rien durant la passion; pourquoi voulez-vous vous mettre en mer dans la violence de la tempête?

S'il est difficile de dompter la colère, il est sage de la prévenir. Evitez donc toutes les occasions de vous irriter, ou soyez en garde contre elle.

L'insensé est provoqué à la colère par le langage insolent, mais l'homme sage en rit et le méprise.

Ne logez point la vengeance dans votre cœur, elle ferait votre tourment, et corromprait vos meilleures inclinations.

Soyez toujours plus prêt à pardonner qu'à rendre injure pour injure: celui qui épie l'occasion de se venger se tend des pièges à lui-même, et il attire du mal sur sa propre tête.

Comme l'eau qu'on jette sur le feu en abat la chaleur, la réponse douce et modérée apaise l'homme en colère, de votre ennemi elle vous en fera un ami.

Considérez combien peu de choses méritent qu'on se mette en colère et vous vous étonnerez qu'il y en ait d'autres que des insensés qui puissent s'y abandonner.

Toujours la colère commence par folie ou par faiblesse, mais souvenez-vous et soyez bien assuré qu'elle se termine rarement sans repentir.

Sur les pas de la folie marche la honte, et derrière elle la colère avec le remords.

ARTICLE XII

PITIÉ OU COMPASSION

(Tristesse mêlée d'amour pour ceux qui souffrent.)

Comme la main du Printemps orne la terre de fleurs ; comme les chaleurs bienfaisantes de l'Eté font mûrir la moisson, ainsi la Pitié porte chez les enfants de l'infortune la consolation et la joie.

Celui qui compatit aux maux d'autrui se rend digne qu'on s'intéresse aux siens, mais l'homme sans compassion n'en mérite point.

La détresse n'émeut point le cœur de l'homme cruel, non plus que le bêlement de l'agneau n'arrête point le bras de celui qui l'égorge.

Les larmes de l'homme compatissant sont plus douces que la rosée qui distille sur le sein du printemps.

Ne fermez point votre oreille aux cris de l'indigent, ni n'endurcissez point votre cœur aux malheurs de l'innocence.

Quand l'orphelin vous réclame ; quand la veuve succombe sous le poids de ses disgrâces, et que par des larmes de douleur elle implore votre assistance, ayez pitié de son affliction, et étendez votre main vers ceux qui n'ont personne pour les secourir.

A la vue de ceux qui manquent de vêtements

pour se couvrir, qui tremblent de froid, et qui ne savent point *où reposer leur tête*, que votre cœur s'ouvre, que vos entrailles s'émeuvent en leur faveur; que sous les ailes de votre charité ils trouvent une retraite pour les garantir contre la mort, afin que votre âme vive.

Pendant que le malade gémit dans un lit de souffrances; pendant que couché sur son fumier le pauvre languit accablé de misère; pendant que le vieillard affaibli par les infirmités de l'âge tourne vers vous un œil mourant pour solliciter votre secours, comment pouvez-vous, sans attention à leurs besoins, sans sensibilité pour les malheurs, vivre dans les délices, et trop à votre aise en vous livrant à des excès de prodigalité.

———

ARTICLE XIII

DÉSIR ET AMOUR

(Souhait et vif attachement.)

Tenez-vous en garde, jeune homme, tenez-vous en garde contre les appas de la femme impudique et ne vous laissez point entraîner aux amorces des plaisirs qu'elle met à si haut prix.

Le désir insensé renversera ses propres desseins,

et en le suivant avec une aveugle fureur vous hâterez votre ruine.

Que votre cœur ne se livre donc point aux douceurs enchanteresses de l'impure volupté ; si, par ses charmes trompeurs, elle parvient à enchaîner votre âme, dans l'épuisement subit de votre santé, vous ne tarderez pas à voir tarir la source même de vos plaisirs.

Au printemps de vos jours vous sentirez décliner vos forces, et la vieillesse vous surprendra à la fleur de votre âge.

Une belle femme, dont la vertu et la modestie relèvent les attraits, brille de plus d'éclat que les astres du firmament, et l'on ne saurait résister au pouvoir de ses charmes.

La blancheur de son sein surpasse celle du lis ; son sourire est plus délicieux qu'un jardin de roses.

L'innocence est dans son œil comme dans celui de la tourterelle ; la simplicité et la candeur demeurent dans son âme.

Les baisers de sa bouche sont plus doux que le nectar, et les parfums de l'orient s'exhalent de ses lèvres.

Ne soyez point insensibles à la tendresse de l'amour, la pureté de sa flamme ennoblira votre cœur et le rendra propre à recevoir les plus douces impressions. Mais, souvenez-vous, ô jeune homme, que ce n'est que dans les liens sacrés d'un mariage légitime bien assorti, qu'on est susceptible de goûter un sincère et véritable bonheur.

ARTICLE XIV

FILLE   **FEMME**

(Célibataire ou non mariée.) (Compagne de l'homme.)

Conseils. — Vertus.

Fille de l'amour, écoutez les leçons de la prudence et que les préceptes de la vérité pénètrent jusqu'au fond de votre cœur ; ainsi par les ornements de votre esprit vous relèverez l'éclat de votre beauté, et lorsque la fleur en sera flétrie vous en conserverez les charmes.

Au printemps de votre âge, à l'aurore de vos jours, lorsque les hommes vous contemplent avec plaisir, et que la nature vous explique en secret leurs regards, ah ! précautionnez-vous contre la séduction de leurs discours, gardez bien votre cœur, et ne prêtez pas l'oreille à leurs flatteuses insinuations.

Souvenez-vous que vous avez été créée pour être la compagne de l'homme, et non l'esclave de sa passion ; non pour contenter seulement ses désirs, mais pour soulager ses peines, pour récompenser ses soins, et pour adoucir son sort par des épanchements de tendresse.

Quelle est la femme qui gagne le cœur de

l'homme, qui y règne et qui le soumet à l'amour ?

Voyez-la qui se promène la douceur dans le maintien, l'innocence dans l'âme, la modestie sur le front.

Sa main cherche à s'occuper, son pied ne se délecte ou ne se réjouit point à courir çà et là.

Elle est vêtue de propreté et nourrie de tempérance ; l'humilité et la modération forment autour de sa tête comme une couronne de gloire.

Le son de ses paroles frappe agréablement l'oreille ; la douceur du miel coule de ses lèvres.

La décence et l'affabilité règnent dans tous ses discours.

La soumission et l'obéissance sont les règles sur lesquelles elle base sa vie ; la paix et le bonheur sont sa récompense.

La prudence marche devant elle, et la vertu se tient à sa droite.

La simplicité et la candeur sont dans ses yeux ; la discrétion commande ses paroles et ses actions.

Le libertin la respecte et n'ose parler en sa présence.

Lorsque la calomnie s'acharne à déchirer la réputation du prochain, elle prend son parti, ou se tait lorsqu'il n'y a pas moyen de le défendre.

Car la bonté réside dans son sein, et elle ne soupçonne point de mal dans autrui.

Heureux l'homme qui l'aurait pour femme ! heureux l'enfant qui l'appellerait sa mère.

Elle veille à la conduite de la maison et il y a paix. Elle commande avec raison et est obéie.

Elle se lève le matin, prend connaissance des affaires, et donne à chacun l'occupation qui lui convient.

Le soin de sa famille fait tout son plaisir, à cela seul elle s'applique ; la propreté et une sage économie se remarquent partout dans sa demeure.

La prudence avec laquelle elle gouverne son ménage tourne à l'honneur de son mari, et il entend ses louanges avec une secrète joie.

Elle remplit l'esprit de ses enfants de sagesse, elle forme leurs mœurs sur son bon exemple.

La parole de sa bouche est leur loi, le mouvement de ses yeux règle leur obéissance.

Elle parle, et ceux qui la servent volent à ses ordres ; elle leur fait signe, et ils les exécutent ; ils l'aiment et ses manières douces et affables leur prêtent des ailes.

La prospérité ne l'enorgueillit point, et la patience lui fournit un remède contre l'abattement dans l'adversité.

Son mari trouve dans ses conseils du soulagement à ses chagrins, de l'adoucissement à ses disgrâces dans la tendresse avec laquelle elle les partage ; il repose sa confiance dans son sein, et est consolé

Heureux l'homme qui en a fait sa femme ! heureux l'enfant qui l'appelle sa mère.

ARTICLE XV

MARI

(Epoux uni à une Femme par le Mariage.)

Conseils

Mariez-vous et obéissez à l'ordre de Dieu et de la nature. Mariez-vous et devenez un fidèle membre de la société.

Mais ne vous déterminez point légèrement et à la hâte ; du choix de la femme que vous prendrez va dépendre le bonheur de votre vie.

Si celle que vous recherchez donne trop de temps à la parure ; si elle est éprise de sa beauté ; si elle entend avec plaisir la voix qui la loue ; si elle rit avec excès et parle haut ; si son pied ne s'arrête point dans la maison de son père ; si d'un œil hardi elle contemple ou admire les hommes ; quand sa beauté serait aussi brillante que le soleil dans son éclat, détournez vos regards de ses charmes, vos pas de ses sentiers, et ne permettez pas à votre cœur de se laisser séduire par votre imagination.

En avez-vous trouvé une qui vous plaise, et dont les agréments soient accompagnés de délicatesse dans les sentiments, de douceur dans les mœurs, qui aime la simplicité, l'ordre et l'économie et qui ait l'esprit bien fait? Prenez-la pour votre femme : elle mérite d'être votre amie et votre compagne.

Regardez-la comme un présent du Ciel, usez-en avec elle de façon qu'elle vous chérisse.

Elle est la maîtresse de votre maison, ayez des égards pour elle, afin que vos domestiques respectent ses ordres.

Ne vous opposez point sans raison à ce qu'elle souhaite; elle partage vos peines, il est juste qu'elle partage vos plaisirs.

Reprenez-la avec douceur; n'exigez point avec rigueur qu'elle vous obéisse.

Déposez vos secrets dans son sein; vous pouvez compter sur la sincérité de ses conseils, et vous vous en trouverez bien.

Demeurez-lui fidèle, car elle est la mère de vos enfants.

Souvenez-vous que vous devez user d'indulgence envers elle; ayez des égards pour la faiblesse de son sexe à cause de vos propres imperfections.

ARTICLE XVI

PÈRE

(Celui qui a engendré ou produit son semblable.,

Devoirs envers ses enfants.

Vous qui êtes père, réfléchissez sur l'importance du dépôt qui vous est confié. Il est de votre devoir de fournir à l'entretien de celui à qui vous avez donné la vie.

Il dépend aussi de vous que cet enfant de votre tendresse vous soit un sujet de bénédiction ou de malédiction, qu'il devienne un citoyen utile ou pernicieux.

Instruisez-le au commencement de sa vie; formez de bonne heure son esprit à la vérité, et son cœur à la vertu.

Ayez l'œil sur ses inclinations et étudiez ses penchants; rangez-le dans sa jeunesse; ne souffrez point que chez lui aucune mauvaise habitude croisse avec les années.

Ainsi il s'élèvera comme un cèdre sur les montagnes, et sa tête se montrera au-dessus des arbres de la forêt.

Le fils pervers ou gâté fait la honte de son père, le fils sage fait sa gloire.

Le terroir est à vous, ne le laissez'pas manquer

de culture : vous moissonnerez selon que vous aurez semé.

Enseignez à votre fils à être obéissant, et il vous bénira ; enseignez-lui à être modeste, et il ne sera pas forcé de rougir.

Enseignez-lui à être reconnaissant, et il recevra des faveurs ; enseignez-lui à être charitable, et il se conciliera de l'affection.

Enseignez-lui à être sobre, à pratiquer la tempérance, il aura de la santé ; enseignez-lui à être prudent, il prospérera.

Enseignez-lui à être juste, il sera honoré dans le monde ; enseignez-lui à être sincère, son cœur ne lui fera point de reproches.

Enseignez-lui à être diligent, ses richesses augmenteront ; enseignez-lui à être humain, il aura le cœur noble.

Enseignez-lui la science, il rendra sa vie utile ; enseignez-lui à *respecter la religion de ses pères*, sa mort sera heureuse.

ARTICLE XVII

FILS

(Enfant mâle né d'un père et d'une mère.)

Devoirs envers les auteurs de ses jours.

Que des créatures sans intelligence les hommes reçoivent des leçons de sagesse : qu'ils s'en fassent l'application.

Allez au désert, mon fils, prenez garde au petit de la cigogne, et qu'il parle à votre cœur; quelle attention a-t-il à secourir dans sa vieillesse celui qui lui donna la vie! il le loge, le nourrit, le porte sur ses ailes.

Manqueriez-vous de reconnaissance envers votre père? Vous lui devez la vie. Envers votre mère? Elle vous a élevé avec tendresse en vous prodiguant tous ses soins.

Écoutez les paroles de votre père, ce qu'il vous dit est pour votre bien; prêtez l'oreille à ses exhortations pour l'amour du bien; s'il vous les adresse, c'est parce qu'il vous aime.

Il a veillé sur vos jours; il s'est donné de la peine en travaillant beaucoup pour vous rendre heureux, honorez-le, et ne permettez point qu'on lui manque de respect dans ses vieux jours.

Supportez vos parents lorsqu'ils seront sur leur

déclin, assistez-les dans leur vieillesse et subvenez à leurs infirmités ; souvenez-vous qu'ils vous secoururent tendrement dans votre enfance, et qu'ils furent indulgents envers vous dans votre jeunesse.

Il est beau de voir des enfants rendre à leurs parents ce qui leur est dû ! Ce spectacle est plus agréable que l'odeur de l'encens qu'on brûle sur les autels ; plus délicieux qu'un parfum composé des aromates les plus exquis.

Honorez donc les auteurs de vos jours, vous ferez descendre leurs cheveux blancs en paix dans le sépulcre, et vos enfants, formés sur votre exemple, vous récompenseront par le retour des mêmes devoirs.

ARTICLE XVIII

FRÈRES, SŒURS

(Nés d'un même père et d'une même mère.)

Conseils.

Vous êtes enfants d'un même père. Il a également pourvu à vos besoins, et une même mère vous a donné le jour.

Que des liens d'affection vous unissent donc

ensemble, afin que la paix et le bonheur habitent dans la maison de votre père et parmi vous.

Séparés les uns des autres, que le souvenir des relations qui vous lient vous engagent à vous aimer, et ne préférez point un étranger à votre sang.

Assistez votre frère dans l'adversité, et n'abandonnez pas votre sœur dans son affliction.

Ainsi vous recueillerez tous ensemble les fruits des travaux de votre père et de votre mère, et vos descendants s'en ressentiront encore après vous.

———

ARTICLE XIX

SAGES	IGNORANTS
(Prudents, Circonspects.)	(Dépourvus de savoir.)

Conseils.

L'intelligence est un don de la libéralité du Créateur. Il assigne à chacun sa portion de ce trésor céleste selon la mesure qu'il juge convenable.

Vous a-t-il enrichi de sagesse ? Vous a-t-il éclairé de connaissances ? Communiquez-les aux ignorants pour leur instruction, aux sages pour votre propre avancement.

La véritable sagesse n'est point présomptueuse, le sage doute souvent, et change d'avis; le fou est entêté, et ne doute point. Il est instruit de tout, excepté de son ignorance.

L'orgueil du discoureur dépourvu de toute connaissance est une abomination ; cependant le sage le supporte et en a pitié.

Ne soyez point trop capable à vos propres yeux, ni ne vous vantez point de la supériorité de vos lumières : celles de l'homme le plus éclairé ne sont qu'aveuglement et folie.

Le sage sent ses imperfections et ce sentiment l'humilie; il travaille en vain à s'approuver lui-même.

Le fou, aux yeux duquel l'orgueilleuse opinion qu'il a de sa capacité grossit les objets, est enchanté de ses productions, les débite à titre de chefs-d'œuvre, et sur les applaudissements d'admirateurs de sa trempe, se couronne de ses propres mains.

Il se glorifie de savoir ce qui ne vaut pas la peine d'être su, et il ne sait point ce qu'il est honteux d'ignorer.

Dans le chemin même de la sagesse il trouve moyen de s'égarer, aussi manque-t-il le but et ne remporte-t-il pour fruit de sa peine que l'opprobre ou la honte.

Le sage orne son esprit de connaissances; il s'intéresse avec zèle au progrès des arts, et, en les rendant utiles au public, il se couronne de gloire.

. Cependant il regarde toujours l'étude de la vertu comme la plus importante, et la science qui apprend à se rendre heureux comme la plus digne de son application.

ARTICLE XX

RICHES   PAUVRES

(Opulents.)   (Malheureux.)

Conseils.

L'homme à qui Dieu a donné des richesses, et les sentiments propres à en faire un bon usage, a reçu du ciel une faveur distinguée.

Il se félicite d'être riche, parce que son opulence lui fournit les moyens de faire du bien.

Il protège le pauvre qu'on insulte, il ne souffre point que le fort opprime le faible.

Il s'informe où il y a des objets dignes de compassion ; il s'enquiert de leurs besoins, et il les soulage sans ostentation et avec discernement.

Il assiste le mérite et le récompense ; il encourage l'industrie, et d'une main libérale il contribue à faire réussir d'utiles projets.

Il entreprend de grands ouvrages, forme de

nouveaux plans, emploie le laboureur, anime les arts, et tâche d'enrichir sa patrie.

Il regarde ce qui reste de sa table comme le droit des pauvres, et il ne permet pas qu'on les en prive.

Les richesses n'ont point altéré les dispositions bienfaisantes de son cœur; c'est pourquoi il se félicite d'être riche, et goûte, au milieu de l'abondance, une joie pure.

Mais malheur à celui qui multiplie ses richesses, et qui ne connaît de satisfaction qu'à les posséder ! qui opprime le pauvre et ne fait pas de cas de la sueur de son visage !

Les maux de son frère ne l'inquiètent point.

Il voit d'un œil sec les larmes de l'orphelin, et il ferme l'oreille aux cris de la veuve.

L'amour des richesses a endurci son cœur; l'affliction la plus amère n'y saurait faire impression.

Mais la malédiction le poursuit; il est dans de continuelles frayeurs ; l'avidité de ses désirs le tourmente, et il venge sur lui les malheureux du tort qu'il leur a fait.

Que sont les misères de la pauvreté en comparaison des tourments qu'endure cet homme !

Que le pauvre se console, qu'il se réjouisse même ! Que de raisons n'a-t-il pas de le faire ?

Il mange son pain en paix, et n'est point pressé à sa table par des flatteurs qui le dévorent.

Il est libre de l'embarras d'un nombreux domestique, et l'on ne vient point le fatiguer par d'importunes sollicitations.

Privé des mets délicieux des riches, il échappe à leurs maladies.

Le pain qu'il mange n'est-il pas doux à son palais ? l'eau qu'il boit n'apaise-t-elle pas agréablement sa soif? Il trouve plus de plaisir à boire cette eau que le riche à se gorger de vins exquis.

Par le travail il se conserve la santé, et il se procure un sommeil, dont l'homme, étendu sur le duvet, ignore les douceurs.

Humble dans ses désirs, il les renferme dans de sages limites, et le calme dont il jouit surpasse le contentement que donnent les richesses et les grandeurs.

Que le riche ne se glorifie donc point de ses richesses, car on ne peut plus manger quand on est rassasié, et que la disette du pauvre ne le porte point au découragement ; car s'ils répondent aux intentions de la Providence dans leurs différentes conditions, ils se trouveront heureux l'un et l'autre.

ARTICLE XXI

MAITRES OU PATRONS, OUVRIERS, SERVITEURS OU DOMESTIQUES.

Conseils.

Ne murmurez point, ô homme, de ce que vous êtes réduit à la nécessité de servir ou de travailler ; cette condition, qui vous est assignée par la Providence, a ses avantages. Elle vous débarrasse des soins et des soucis de la vie.

La gloire d'un ouvrier et d'un serviteur consiste pour l'un à bien remplir sa tâche et pour l'autre dans sa fidélité ; l'activité et l'obéissance sont les plus hautes vertus.

Souffrez donc avec patience les remontrances de celui qui vous paie, et quand il vous fait de justes observations, ne répondez point, votre docilité et votre silence ne seront point mis en oubli.

Ayez les intérêts de vos patrons ou maîtres à cœur ; soyez diligents à exécuter leurs ordres ou instructions, rendez-vous dignes de la confiance qu'ils ont en vous.

Votre temps et votre travail leur appartiennent ; ils vous paient afin que vous les employiez à leur service, si vous ne le faites point vous les fraudez

REMARQUE IMPORTANTE

Surtout, véritables et honnêtes travailleurs, employés, serviteurs ou domestiques, n'ayez pas la faiblesse d'écouter ceux qui, par des discours ou des paroles, s'efforcent de vous détourner de vos devoirs en cherchant à vous persuader que l'on peut parvenir au bien-être ou à la fortune autrement que par le travail et l'économie ; c'est un rêve qui n'est pas réalisable, car, comme l'a dit un illustre moraliste, le savant Benjamin Franklin, lequel s'est ainsi exprimé à cet égard :

Celui qui s'efforce de persuader à l'ouvrier qu'il peut arriver à la fortune autrement que par le travail et l'épargne, celui-là est un menteur et un criminel ; on pourrait ajouter : un misérable.

Et vous, maîtres et patrons, soyez justes envers vos serviteurs et vos ouvriers, si vous voulez qu'ils vous soient fidèles et qu'ils remplissent bien leurs devoirs, soyez raisonnables dans les rapports que vous avez avec eux, si vous voulez qu'ils se montrent prompts à exécuter vos ordres.

Le cœur de l'homme est au dedans de lui ; par la sévérité on peut se faire redouter, mais on ne parviendra point à se faire aimer.

Joignez la douceur à la remontrance, et la saine raison à l'autorité ; ainsi vos exhortations passeront jusque dans le cœur de vos subordonnés, et ils feront les délices de leurs devoirs.

Par un motif de reconnaissance, ils exécuteront fidèlement vos ordres, ils y voleront avec un principe d'affection, et vous, ne manquez point de récompenser leur travail et leur fidélité.

ARTICLE XXII

SOUVERAINS	SUJETS
(Chefs qui ont l'autorité suprême.)	(Soumis aux lois.)

Conseils.

O vous, les favoris du Ciel, que les fils des hommes, vos égaux, sont convenus d'élever au pouvoir suprême et de placer à leur tête en qualité de Gouverneurs, prenez moins garde à la dignité de votre poste qu'au but et à l'importance du dépôt qui vous est confié.

Vous êtes vêtus de pourpre et assis sur un trône, vous portez sur votre front le diadème de majesté ; le sceptre de votre puissance est dans votre main ; mais souvenez-vous que l'autorité souveraine, marquée par ces symboles, ne vous a point été donnée pour vous, ni pour vous en servir au gré de vos désirs, vous n'êtes chefs de nations que pour procurer le bien de vos sujets.

Leur prospérité est votre gloire, et le cœur de vos sujets est l'appui de votre pouvoir et la base de votre puissance.

L'esprit d'un prince est élevé par l'éminence de son poste ; il médite des choses grandes et ne s'occupe qu'à ce qui est digne de lui.

Il assemble les Sages de la Nation ; il les consulte et écoute leurs avis qu'il permet à chacun d'eux de dire librement.

D'un œil de discernement il cherche parmi ceux-ci des gens habiles, dont il découvre les talents, et qu'il emploie selon leur mérite.

Ses magistrats sont justes ; ses ministres sages, et son favori ne lui en impose point.

Il jette sur les arts un regard favorable, et ils fleurissent ; sous sa protection les arts et les sciences font d'heureux progrès.

Il se plaît dans la société des savants et des gens d'esprit ; il allume l'émulation dans leurs cœurs, et par leurs travaux il rend son règne glorieux.

Il honore de faveurs et de récompenses le marchand actif à étendre son commerce, le fermier habile à enrichir ses terres, l'artisan industrieux, le travailleur, le plus méritant de toutes les industries et métiers, l'homme de lettres qui se distingue par ses productions.

Il établit de nouvelles colonies, fait construire des navires, creuser des canaux, construire des chemins de fer, des ports, pour faciliter le commerce ; ses sujets abondent en richesses et les forces de l'Etat augmentent.

Ses règlements sont pleins d'équité et de sagesse ; les nationaux jouissent en paix du fruit de leurs travaux, et leur bonheur consiste dans leur obéissance aux lois.

Son oreille est ouverte aux plaintes de ses sujets ; il arrête la main de celui qui voudrait les opprimer, et il les délivre de la main de ceux qui les tyrannisent.

C'est pourquoi ses sujets le révèrent comme leur ange tutélaire et l'aiment comme leur père.

L'amour que ses sujets lui portent fait naître pour eux dans son sein un retour d'affection, leur bonheur est l'objet de ses soins.

Il ne s'élève dans leurs cœurs aucun murmure contre lui. Il n'y a point parmi eux d'ennemi dont il ait à craindre les machinations.

Fidèles et résolus à défendre la cause de leur souverain, ses sujets sont autour de lui comme une muraille d'airain ; l'armée de l'ennemi fuit devant eux comme la balle poussée par le vent.

La paix et le bonheur habitent dans la demeure de ces populations, la gloire et la force environnent le trône de ce souverain.

ARTICLE XXIII

BIENVEILLANCE

(Bonnes dispositions envers ses semblables.)

Fils d'homme, lorsque vous faites attention à vos besoins, lorsque vous portez vos regards sur vos imperfections, reconnaissez la bonté de Celui qui vous a doué de raison, qui vous a enrichi de la faculté de parler, et qui vous a placé en société pour recevoir et pour rendre des offices mutuels et des services réciproques.

Votre nourriture, votre vêtement, votre demeure, votre sûreté, les agréments et les plaisirs de la vie, tous ces avantages vous les devez au secours des autres, et si vous ne viviez pas en société, vous n'en jouiriez point.

C'est pourquoi il est de votre devoir d'être l'ami du genre humain, et, dans votre intérêt, de vous concilier l'amitié des hommes.

Comme il est propre à la rose d'exhaler de douces odeurs, ainsi l'homme qui a de l'humanité fait naturellement de bonnes actions.

Il est tranquille au dedans de lui, et il se réjouit de la prospérité et du bonheur de son prochain.

Il n'ouvre point l'oreille à la diffamation, les fautes et les vices des hommes l'affligent.

Il n'a qu'un désir, celui de faire du bien, et il en cherche les occasions. En arrachant son frère à l'oppression, il se soulage lui-même.

Dans l'étendue de sa bienveillance il comprend tous les hommes ; l'objet de ses vœux est leur bonheur commun, et la noblesse de son cœur l'excite à faire des efforts pour le leur procurer.

ARTICLE XXIV

JUSTICE

(Vertu morale qui nous fait agir comme nous le devons à l'égard de la Société.)

La paix de la Société est fondée sur la Justice ; la félicité des particuliers sur la jouissance tranquille de ce qu'ils possèdent.

Renfermez donc les désirs de votre cœur dans les bornes de la modération, que l'équité les règle.

Ne portez point un œil malin sur les biens de vos pareils ; que tout ce qui leur appartient vous soit sacré.

Que ni un mouvement de convoitise, ni une injure reçue ne vous engagent à lever la main sur votre frère au risque de sa vie.

4

N'attaquez point ses mœurs ; ne portez point faux témoignage contre lui.

N'essayez point de corrompre son serviteur, et gardez-vous d'exciter sa femme à pécher ou à faillir à la morale.

Vous feriez à son cœur une blessure que vous ne seriez jamais en état de guérir, vous lui feriez une injure que vous ne pourriez jamais réparer.

Dans le commerce de la vie soyez impartial et juste ; faites aux hommes ce que vour voudriez qu'ils fissent à votre égard.

Gardez la fidélité en toutes choses ; ne trahissez point l'homme qui s'est fié à vous.

Soyez assuré qu'au tribunal de l'Eternel le vol est un crime moins grand que la trahison.

N'opprimez point le pauvre, et ne frustrez point l'ouvrier de son salaire.

Lorsque vous avez quelque chose à vendre consultez votre conscience, et contentez-vous d'un gain modique, ne tirez point avantage de l'ignorance de l'acheteur.

Payez vos dettes, car celui qui vous a fait crédit a compté sur votre honneur ; retenir à votre créancier ce que vous lui devez, est tout ensemble bas et injuste.

Enfants de la société, sondez votre cœur ; appelez votre mémoire à votre secours, et si vous vous trouvez coupable envers quelqu'un de ces choses, que la tristesse s'empare de votre conscience ; que la honte vous couvre, qu'une prompte, et s'il est possible, une entière réparation efface votre crime.

ARTICLE XXV

CHARITÉ

(Amour de son prochain.)

Heureux l'homme qui a jeté dans son âme des semences de bienveillance, il en recueillera pour fruits la charité et l'amour.

Comme une source féconde, dont les eaux arrosent au loin les campagnes, le bon cœur de cet homme se manifeste par des actions, dont les salutaires influences se répandent sur tout le genre humain.

Il assiste les pauvres dans leur misère.

Il ne censure point le prochain, n'ajoute point foi aux bruits semés par l'envie et par la méchanceté, ni ne répète point leurs calomnies.

Il pardonne les injures et les efface de sa mémoire; la malice et l'envie n'occupent point de place dans son cœur.

Il ne rend point le mal, ne hait personne, pas même ses ennemis, leur adresse, en retour des injustices qu'ils lui font, des exhortations charitables.

Les détresses et les afflictions des hommes excitent sa pitié; il tâche d'alléger le poids de leurs malheurs, et le plaisir du succès le récompense de ses peines.

Il apaise la fureur et fait cesser les querelles de ceux qui sont en colère; il prévient les funestes suites de l'animosité et de la haine.

Autour de lui règnent la concorde et la paix, son nom est honoré et béni.

ARTICLE XXVI

RECONNAISSANCE

(Souvenir du bien reçu ou des services rendus.)

Comme les branches d'un arbre font redescendre le suc vers la racine d'où il était monté; ou comme une rivière décharge ses eaux dans la mer d'où elles étaient venues, l'homme reconnaissant prend plaisir à rendre un bienfait reçu.

Il fait généralement l'aveu des obligations qu'il a envers son bienfaiteur, il l'estime et il l'aime.

S'il ne sait exprimer sa reconnaissance pour les faveurs reçues, il en conserve à jamais le souvenir.

La main de l'homme généreux est comme la

rosée du Ciel, qui distille sur la terre, fait germer et croître les herbes, les fleurs et les fruits ; mais le cœur de l'ingrat est semblable à uné terre sablonneuse qui boit les pluies et ne produit rien.

Ne portez point envie à votre bienfaiteur, ni ne travaillez point à cacher ses faveurs ; car, quoiqu'il soit plus doux de donner que de recevoir, quoique la générosité excite l'admiration, l'humilité de la reconnaissance touche le cœur et plaît à Dieu et aux hommes.

Ne recevez point de présent de l'homme orgueilleux, et n'ayez aucune obligation à l'avare, celui-là fera servir son bienfait pour vous couvrir de honte, et l'avidité de l'autre ne se contentera d'aucun retour.

ARTICLE XXVII

SINCÉRITÉ

(Franchise. — Vérité.)

O vous qui aimez la vérité et qui êtes épris de ses charmes, ne l'abandonnez jamais; si toujours chère à votre cœur vous lui conservez un attachement fidèle, vous vous couronnerez de gloire.

La langue de l'homme sincère a sa racine dans

le cœur ; l'hypocrisie et la fraude ne se trouvent point dans ses paroles.

La fausseté le fait rougir et le rend confus, mais en disant la vérité il a l'œil ferme.

Il porte en homme la dignité de son titre ; il ne sait point s'avilir au point de faire l'hypocrite.

Il est d'accord avec lui-même et jamais embarrassé ; il a assez de courage pour dire la vérité, mais il a peur de mentir.

Il est bien au-dessus de la bassesse de la dissimulation ; les paroles de sa bouche sont l'expression de ses pensées.

Cependant il ouvre ses lèvres avec précaution et avec prudence ; il médite ce qui est droit, juste, et parle avec discrétion.

Il dit son avis sans détour et reprend avec franchise, ce qu'il promet il l'accomplit sûrement.

Mais l'hypocrite a le cœur faux ; pendant qu'il ne pense qu'à tromper, il couvre ses paroles du masque de la vérité.

Dans la tristesse il rit, il pleure dans la joie, et l'on ne saurait donner aucune interprétation à ses paroles.

Comme la taupe il laboure dans les ténèbres, et se croit en sûreté ; mais comme elle, surpris par la lumière, il est découvert et trahi.

Il passe ses jours dans une contrainte perpétuelle ; sa langue et son cœur sont toujours en opposition l'un avec l'autre.

Il se travaille pour acquérir la réputation d'honnête homme, et il s'applaudit de son adresse à y réussir.

O fou, vous prenez plus de peine pour cacher ce que vous êtes qu'il n'en faudrait pour être réellement ce que vous voulez paraître; les enfants de la sagesse se moqueront de votre manège, lorsque dépouillé du voile qui vous couvrait, vous vous verrez exposé à l'ignominie.

ARTICLE XXVIII

RELIGION (1).

(Croyance morale perfectionnée. — Soutien de l'édifice social.)

Puisque nous avons le bonheur de vivre sous un régime qui permet à l'écrivain de pouvoir développer sa pensée, on peut donc librement dire que toutes les RELIGIONS SONT BONNES, attendu qu'elles ont spécialement pour principe d'enseigner à leurs Sectaires, ou à ceux qui professent le même Culte, de s'aimer les uns les autres, et surtout *de ne pas faire à autrui ce qu'on voudrait qu'il ne vous fît.* Il a en outre été reconnu qu'une nation civilisée ne peut vivre sans en professer aucune.

Quiconque ne professe aucune religion, contrai-

---

1. La Religion a pour principe la Vertu, d'élever les cœurs vers l'amour du Sublime, de modérer et même d'arrêter les

rement à la *Saine Philosophie*, qui admet Dieu et
la Vérité (1), et qui, sans autre réflexion que celle
d'imitateur, se jette dans les bras de la Libre
Pensée ou de l'Athéisme, détruit en lui les meilleurs sentiments, surtout cette Espérance d'une
heureuse éternité qui, sur cette terre d'exil, fait le
bonheur des personnes dévouées à l'amour du
bien envers leurs semblables. Ses erreurs lui font
oublier que le Génie, cet Ange tutélaire, qui ne
cesse d'inspirer et de guider les âmes bienfaisantes,
allume son flambeau dans les Cieux.

Oh ! si l'on ôtait Dieu ou l'Eternel de l'Univers,
que resterait-il de consolation à l'innocence, au
malheur et à tous les êtres raisonnables qui souffrent sur la terre? Rien, si ce n'est la désolation,
le désespoir et le néant !

---

mauvaises passions, de consoler l'âme humaine des misères de
la vie, et de fortifier les courages dans l'adversité, l'infortune
et le malheur.

1. La Saine Philosophie, celle qui admet *Dieu et la Vérité*,
émane de profonds savants, d'hommes éminemment éclairés,
ceux qui, par inspiration du Ciel, ont reconnu que cette saine
philosophie était la médecine de l'âme, de la morale ; l'écho du
cœur, de la vertu, de la sagesse ; de tout ce qu'il y avait de
beau, d'aimable, de respectable et de sacré sur la terre, puisqu'elle approchait le plus des principes qui participent aux
bienfaits de la Divinité.

Un Contemporain (personne qui a vécu ou qui vit en même
temps que nous), une des plus grandes gloires du XIXe siècle,
Victor Hugo, cet illustre savant, mort tout récemment, a dit
avant de rendre son Ame à l'Eternel et son corps à la terre
Je crois en Dieu.

Au surplus, c'est au moyen de la pratique des principes religieux que les Nations encore peu civilisées doivent leur existence.

Sans Religion, ce qui veut dire la négation de toutes choses respectables, une Nation ne pourrait se maintenir, elle tomberait fatalement dans la barbarie ; alors cet excès de liberté serait cause de sa destruction, puisqu'il n'y aurait plus aucune crainte susceptible d'arrêter les bras coupables des méchants.

Souvenons-nous que Celui qui est là-haut dicte des lois aux grands de la terre et qu'il mérite d'être l'objet d'un Culte.

Or donc, toutes les Religions méritent d'être aimées, respectées et vénérées (1), pourvu qu'elles enseignent aux Nations la piété du cœur, l'amour de ses semblables, le respect de la propriété et de la famille, le dévouement à la défense de la Patrie, et surtout l'obéissance aux Saintes Lois qui la régissent. Dans notre beau pays de France, combien devons-nous aimer et respecter ces Lois puisqu'elles sont l'Œuvre d'hommes supérieurs qui tiennent leur pouvoir du libre suffrage du peuple entier. Pour plus de garanties pour la société, ces mêmes Lois sont revisées par des hommes d'une haute

---

1. Outre une infinité de croyances émises de la part d'hommes, plus ou moins éclairés ou orgueilleux passionnés de tous les temps et de tous les pays, et surtout de notre époque agitée, les principales Religions professées de nos jours sont : le Catholicisme ; le Protestantisme ; le Judaïsme, le Mahométisme, etc.

expérience, généralement mûris par l'âge, et qui, le plus ordinairement, se sont distingués par leurs talents et leurs vertus.

L'application de tous ces principes ne peut empêcher d'expliquer qu'il n'y a qu'un Dieu, l'auteur, le Créateur, le gouverneur du monde, Souverain maître de toutes choses, tout-puissant, Éternel, incompréhensible.

Le Soleil n'est pas Dieu, quoique étant l'image la plus noble de la Divinité. Cet Astre éclaire le monde de sa lumière; il anime par sa chaleur les productions de la terre. Admirez-le comme la créature et l'instrument du Très-Haut, mais gardez-vous de l'adorer.

A *Celui-là seul* qui est par-dessus toutes choses, seul sage et bienfaisant, appartiennent l'adoration, la louange, les actions de grâces, le remercîment et le témoignage de reconnaissance.

C'est lui qui a étendu de sa main l'immensité des Cieux; qui a marqué de son doigt le cours des étoiles et de toutes les planètes qui gravitent dans le firmament.

C'est lui qui fixe à l'Océan des limites qu'il ne saurait dépasser, et qui dit à la tempête : tais-toi.

C'est lui qui met un frein à la fureur des flots, et qui sait aussi des méchants arrêter les funestes complots.

C'est lui qui ébranle la terre, les Nations tremblent; qui lance les éclairs et la foudre, et les méchants sont éperdus.

C'est lui qui appelle des mondes par sa parole, et qui, d'un mot, les fait rentrer dans le Néant.

Révérez la majesté du Tout-Puissant et ne provoquez point sa colère, de peur que vous ne soyez détruits.

La Providence de Dieu s'étend sur tous ses ouvrages ; il dirige et gouverne toutes choses avec une sagesse infinie.

Il a établi des lois pour le gouvernement du monde : il les a merveilleusement variées pour tous les êtres, et chacun d'eux, par sa nature, se conforme à la volonté du législateur.

Le Seigneur est le Dieu fort *des Sciences, et son intelligence est sans bornes.* Les secrets de l'avenir sont dévoilés devant lui.

Les pensées de votre cœur sont nues à ses yeux ; il connaît vos déterminations avant qu'elles aient lieu.

Il n'y a rien de contingent, c'est-à-dire qui ne peut être ou ne pas être pour la prescience de l'Éternel, ni rien d'accidentel pour sa providence.

La manière dont il connaît toutes choses surpasse nos conceptions.

Il est admirable dans toutes ses voies, ses conseils sont impénétrables.

Rendez-donc hommage à la sagesse du Dominateur de l'Univers ; prosternez-vous devant lui avec la respect et l'obéissance qui lui appartiennent.

Le Tout-Puissant est bienfaisant ; il a créé le monde par un principe de bonté.

Elle éclate dans tous ses ouvrages ; il est la source et le centre de toute perfection.

Les créatures de sa main publient ses libéralités ; tous leurs plaisirs annoncent ses louanges ; il les revêt de beauté ; il leur donne la Nourriture ; il les conserve dans sa miséricorde, de génération en génération.

Elevons-nous nos regards vers les Cieux ! ils racontent sa gloire ; les baissons-nous sur la terre ! elle est pleine de ses bienfaits ; les coteaux et les vallées chantent et se réjouissent ; les champs, les rivières et les bois retentissent de ses louanges.

Mais vous, ô homme, il vous a distingué des autres créatures en vous élevant au-dessus d'elles.

Il vous a doué de raison pour vous mettre en état de maintenir votre empire ; il vous a doué de la faculté de parler pour vous perfectionner dans la société de vos semblables ; il vous a donné un esprit capable de méditation, afin de vous élever à la Contemplation ou méditation de ses attributs, et de vous porter à les adorer.

Dans les lois qu'il vous a prescrites pour en faire la règle de votre vie, il a, avec tant de bonté, adapté votre devoir à votre Nature, afin que l'obéissance à ses commandements fasse votre bonheur.

Louez sa munificence ou ses libéralités par des chants contemplatifs d'actions de grâces, et méditez en silence les merveilles de son amour ; que votre cœur abonde de reconnaissance envers lui ;

que votre langue publie ses louanges; que les actions de votre vie donnent à connaître combien vous aimez sa loi!

Le Tout-Puissant est droit et équitable; il jugera le monde en justice et en vérité.

Sur la bonté et sur la clémence il a établi ses lois; n'en punirait-il point les transgresseurs ?

Ne pensez point, homme audacieux, que le bras du Seigneur soit affaibli parce qu'il diffère votre punition, ni ne vous flattez point de l'espoir qu'il connivera ou participera à vos dérèglements.

Son œil perce les secrets de tous les cœurs, il n'a point égard à l'apparence des personnes.

L'âme dégagée de ses dépouilles mortelles, les grands et les petits, les sages et les ignorants, recevront tous, par arrêt de leur juge commun, la juste et éternelle rétribution de leurs œuvres.

Alors les méchants seront saisis d'épouvante et d'effroi, mais le cœur des justes et bons se réjouira dans les jugements du Seigneur.

Craignez Dieu tous les jours de votre vie, et marchez dans les sentiers qu'il a ouverts devant vous!

Aimez et respectez la religion de vos pères, afin qu'aux approches de la mort votre conscience soit tranquille. Que la Prudence vous conseille; que la Tempérance vous retienne; que la Justice vous guide; que la Bienveillance échauffe votre cœur; que la Sagesse et la Vertu dirigent vos actions; que la Reconnaissance envers le Ciel nourrisse votre piété. La pratique de ces vertus fera votre bonheur et vous serez *heureux* dans votre condition *sur la terre*, et elle conduira votre âme aux demeures de la félicité éternelle dans le glorieux séjour des justes ou bons.

COROLLAIRE

OU SUITE DES DÉMONSTRATIONS AYANT TRAIT AUX PARAGRAPHES QUI PRÉCÈDENT

ARTICLE XXIX

DE LA SITUATION DE NAPOLÉON 1er, SURNOMMÉ LE GRAND, COMME HOMME DE GUERRE. DE SES CROYANCES DIVULGUÉES PAR SES INTIMES COMPAGNONS D'ARMES.

Napoléon Bonaparte, doué d'un génie extraordinaire, était essentiellement Guerrier. Il a été choisi par une inspiration surnaturelle pour punir les hommes, qui, de son temps, avaient négligé de pratiquer les principes sociaux et vertueux qui doivent régir les Nations. Ces erreurs sont fatalement châtiées par un fléau quelconque, soit par la peste ou l'épidémie, la guerre civile ou *la guerre entre Nations*, tous malheurs capables de pouvoir détruire le genre humain.

En effet, que de millions d'hommes, qui, par la conséquence de ces faits, surtout par ceux de la guerre, ont été détruits, tant en Europe qu'en Afrique (en Egypte), notamment pendant tout le temps des guerres qui ont eu lieu sous Napoléon Ier !

Napoléon, qui, par son audace et sa valeur, a étonné le monde, est né à Ajaccio, chef-lieu du département formé par l'île de Corse, le 15 août 1769, jour mémorable, qui est celui de l'Anniversaire de l'enlèvement de la Sainte Vierge au Ciel, selon les écritures.

Sa mère, Mme Bonaparte, née Lœtitia Ramoll, à la naissance de son Fils, l'a voué ou consacré à la Sainte Vierge, en qui elle avait une grande confiance.

Son Fils, lui aussi, avait beaucoup de confiance et professait un Culte intérieur, particulier, pour cette Sainte Femme, auprès de laquelle il n'aurait cessé de s'adresser en la priant de lui être favorable pour l'exécution des principaux faits mémorables vers lesquels il tendait, soit avant, pendant ou après la guerre.

Cette Sainte était pour lui une égide sous laquelle il s'abritait. Il lui attribuait son énergie, sa force de caractère et le don de lui faire affronter la mort sans la craindre, et ce, suivant le récit de ses intimes compagnons d'armes. Ceux-ci lui ayant, dans plusieurs circonstances périlleuses, fait remarquer qu'une vie aussi précieuse que la sienne ne devait pas autant s'exposer à mourir ; que fort de cette confiance suprême, qui l'inspirait, il leur répondait chaque fois, en faisant allusion aux projectiles de guerre : « Mes amis, soyez sans inquiétude, le Boulet qui doit me tuer n'est pas encore fondu ; » qu'à Jaffa, en Syrie (Turquie d'Asie), les mêmes observations lui furent faites lorsqu'il annonça la résolution d'aller visiter les pestiférés ; là il leur dit, en y allant : « Je ne puis craindre la mort, à cet égard, je vous ai révélé mes inspirations, je veux, avant tout, m'assurer personnellement comment sont soignés mes Soldats. En outre, je tiens à leur adresser des paroles d'espérance, de consolation, et je tiens aussi, avant de les quitter, à leur laisser des marques de ma gratitude ou de ma reconnaissance. »

Nota. — À cause de son excessive ambition, Napoléon n'a pas été heureux sur la terre. En outre, son extrême orgueil, basé sur le succès de ses nombreuses conquêtes, a contribué à le perdre.

Si cet homme de guerre, qui, pour accomplir ses faits d'armes, s'était inspiré des actions des plus grands guerriers du temps de l'ancienne Rome, avait limité son ambition à ses principales conquêtes, et qu'alors, il se fût contenté de prendre et de conserver le Noble titre d'Empereur de la

République française, tel que ce glorieux titre était
donné aux plus illustres Généraux Romains ; dans
ces conditions-là il aurait pu se maintenir en qualité de Chef du pouvoir exécutif de la Nation française ; alors, il eût évité beaucoup de maux et de
calamités, dont notre malheureux pays a eu tant
à souffrir après son anéantissement, par suite des
révolutions qui se sont succédé depuis sa chute,
et lui, personnellement, n'aurait pas eu à subir le
joug des Anglais, en qui il avait eu trop de confiance, puisque après s'être livré volontairement à
eux, en s'en rapportant à leur générosité, ils l'ont
envoyé en exil, sous la surveillance d'un des plus
durs geôliers de l'impassible Angleterre, dans l'île
isolée de Sainte-Hélène, contrée d'Afrique, située
dans l'Océan Atlantique, à environ 500 lieues des
côtes de l'Afrique méridionale, dont le climat est
meurtrier aux Européens qui y séjournent. Napoléon y est, après y avoir enduré de grandes souffrances morales et autres de toutes sortes, mort le
5 mai 1821, à la suite d'environ six années d'une
pénible captivité. Il était à peine âgé de 52 ans.

ARTICLE XXX

NOTICE SOMMAIRE OU ABRÉGÉE SUR VICTOR HUGO. SA CONFIANCE EN L'ÊTRE SUPRÊME. — SON PANÉGYRIQUE OU SES ÉLOGES

Victor Hugo, un des plus profonds savants de notre époque, né à Besançon (Doubs), le 26 février 1802, est issu du mariage du Capitaine Sigisbert Hugo (plus tard Général), avec Dame Sophie Trébuchet, fille d'un Armateur de Nantes (Loire-Inférieure), ses père et mère.

Dès l'âge de 16 ans, il écrivait les *Odes et Ballades* (poésies si connues), celles-ci annonçaient déjà la précocité de son vaste Génie. C'est en 1822 que parut cette œuvre remarquable, qui a obtenu tant de succès, et qui a valu à son auteur, de la part d'un des plus grands génies d'alors, Chateaubriand, la qualification d'Enfant sublime.

Depuis cette même année, 1822, Victor Hugo n'a cessé de produire des chefs-d'œuvre de tous genres, qui, tous, ont causé l'admiration de ses nombreux lecteurs. Ces ouvrages sont si connus et estimés du monde entier, que nous croyons inutile d'en reproduire les noms.

Cet homme illustre a été nommé Membre de l'Académie française, en 1841 ; Pair de France en 1845, sous le règne de Louis-Philippe ; Membre de l'Assemblée nationale, en 1871, et peu de temps après, Sénateur.

Ce noble et très remarquable Citoyen, qui, à juste titre, à cause de son mérite exceptionnel, peut-être surnommé le Grand Français, est décédé dans son hôtel, au n° 50 de l'Avenue Victor-Hugo (1), une des grandes voies aboutissant au monument de l'Arc de Triomphe de l'Etoile, le vendredi, 22 mai 1885, âgé de plus de 83 ans.

Son corps fut transporté de son domicile sous un merveilleux Catafalque, élevé en son honneur, sous l'Arc-de-Triomphe de l'Etoile, à l'entrée, du côté faisant face à l'Avenue des Champs-Élysées, où il est resté exposé toute la journée du Dimanche 31 mai.

Autour du Monument de l'Etoile, des piédestaux avaient été posés pour supporter des écussons peints où se trouvaient reproduits les noms des Ouvrages les plus remarquables du Maître.

Sur les quatre faces des entrées du Monument de l'Arc-de-Triomphe, à la hauteur des Arcs, on lisait sur des draperies en velours rouge, avec franges d'or, tendues horizontalement extérieurement, la reproduction des paroles mémorables,

---

1. Le n° 50 de l'Avenue Victor-Hugo se trouve encore, en 1887, sur l'hôtel où est décédé le grand poète. Deux jours après sa mort, l'autorité compétente a décidé que l'Avenue d'Eylau, qui faisait suite à l'Avenue Victor-Hugo, porterait ce dernier nom jusqu'à la Place de l'Etoile. Le n° 50, ancien, est contigu à l'hôtel qui, maintenant, porte le n° 122; plus tard l'hôtel du n° 50 ancien devra porter le n° 124 de l'Avenue Victor-Hugo.

inspirées au sublime génie et peintes en lettres d'argent : Je crois en Dieu.

Ses funérailles ou obsèques ont eu lieu avec une magnificence extraordinaire, et aux frais de l'Etat, le Lundi, 1ᵉʳ Juin, à onze heures du matin.

Le Cercueil renfermant les restes du Grand Homme a été transporté au Panthéon, où il a été inhumé.

Victor Hugo, qu'on pourrait aussi surnommer le Bienfaiteur des malheureux, a, par son testament, légué trois cents mille francs aux pauvres de la Ville de Paris.

———

ARTICLE XXXI

DE L'AMBITION ET DE L'ÉGOÏSME

(Désirs insatiables ou immodérés des choses d'ici-bas, ou n'exister que pour soi au détriment d'autrui.)

Pourquoi cette ambition? Pourquoi cet égoïsme? Ces plaies de nos jours, qui consistent à vouloir tout pour soi, sans pitié pour ses semblables. On ne réfléchit pas qu'on peut appeler méchant celui qui n'est bon que pour lui.

Quand on possède beaucoup plus qu'on a besoin pour vivre, ce superflu vous rend-il plus heureux?

L'existence est pourtant d'une bien courte durée.

— Si l'on réfléchissait qu'à la fin de sa carrière,

tout est abandonné par celui qui, pendant sa vie, a fait un *Veau d'or* de ses richesses. Une fois l'âme échappée du corps, que reste-t-il?

Sur cette malheureuse terre d'exil, pour vivre, si l'on était raisonnable, il n'en faut pas tant, surtout si l'on se soumettait aux sages lois de l'Hygiène, qui prescrivent la Tempérance, la Sagesse et une Vie active, principaux moyens qui permettent de vivre longtemps et sans infirmités; en outre, c'est de faire un bon emploi de son temps, en s'attachant à rendre heureux tous ceux qui vous entourent.

Ne conviendrait-il pas de mettre un frein à cette plaie sociale?

On ne devrait plus considérer avec un certain fanatisme les possesseurs de grandes fortunes, surtout ceux qui ne travaillent qu'à amasser des richesses sans fin, et qui en jouissent en égoïstes.

On ne devrait, au contraire, avoir une grande estime pour les possesseurs de grandes richesses, qu'autant que ceux-ci, par leurs bons sentiments, leur générosité et leur grand cœur, viendraient en aide à leurs semblables, d'abord, en les faisant travailler, afin de pouvoir leur permettre de vivre; ensuite d'aider par des bienfaits à soulager les malheureux, notamment ceux qui, par leurs infirmités ou leur grand âge, sont incapables de pouvoir travailler, et encore ceux qui, étant peu aisés, sont atteints par la maladie et qui sont chargés d'une nombreuse famille. Toutes vertus que l'on devrait être heureux de pratiquer lorsqu'on est en possession d'une fortune superflue.

Comme nous l'avons déjà dit, nous devrions toujours nous rappeler que notre existence, ici-bas, est de courte durée, puisque, indépendamment des accidents dont nous sommes constamment menacés pour mettre fin à notre existence, elle, n'est qu'un passage subit de la vie à la mort; que pendant tout le cours de notre vie nous ne cessons de lutter avec l'espérance pour parvenir à obtenir le véritable bonheur, lequel est impossible, puisque la perfection n'existe pas sur la terre; c'est pourquoi chacun devrait, dans la limite du possible, s'attacher à pratiquer les vertus énumérées plus haut, alors, la vie n'aurait pas été inutile, et l'on serait assuré d'emporter dans la tombe de grandes et utiles consolations dont on aurait été doué avant la mort.

ARTICLE XXXII

DU LUXE OU DE LA SOMPTUOSITÉ

(Vouloir paraître plus riche qu'on est.)

Depuis environ un demi-siècle, la société s'est adonnée à un déploiement de luxe, tant sous le rapport des vêtements que sous celui de l'ornementation des habitations, qui semble être loin de s'arrêter, puisque les exigences grandissent de jour en jour.

L'orgueil de vouloir paraître riche, au risque d'être privé du nécessaire, pour soi et sa famille, en sacrifiant sa santé, est devenu une plaie sociale. On emploie tous les moyens pour satisfaire cette passion.

Des observateurs judicieux ont, à cet égard, porté un jugement qui se résume ainsi : Ce qui, sous le rapport du luxe, est chez les grands (les riches) splendeur, somptuosité, magnificence, est dissipation, folie, ineptie, chez le modeste employé, le petit rentier, ou autres personnes à qui la position de fortune ou les faibles ressources devraient imposer la simplicité et la modestie.

En fait de luxe et de toutes les conséquences qui s'y rattachent, on devrait avoir la sagesse de baser ses dépenses sur ses ressources, en évitant de se livrer à des frais inutiles et superflus ; alors, on ne s'exposerait pas à être ridiculisé, ni à se trouver dans la gêne, et l'on serait assuré d'y gagner sous tous les rapports, même sous celui de la considération.

ARTICLE XXXIII

MÉCHANCETÉ

(Penchant à la Médisance dans le but de nuire
à ses semblables.)

La méchanceté, celle qui a pour but, par paroles, de nuire à autrui, est un vice qui dégrade l'humanité, puisque le méchant est malheureux même dans son bonheur.

Notre pauvre nature n'est pas toujours généreuse envers ses semblables ; la passion de médire des autres corrompt plus d'un cœur.

Une critique peu réfléchie des choses les plus dignes d'être respectées, a le plus ordinairement pour objet de faire haïr ou mépriser le plus grand nombre d'une secte ou d'une société, quand, par malheur, un des siens, qui, par une fatalité dont la providence a seule le secret, a manqué aux devoirs qu'il était chargé d'enseigner ou de pratiquer, en commettant une mauvaise action quelconque. Au lieu de plaindre seul celui-ci, on cherche à généraliser le mal de manière à le faire appliquer à la société ou à la secte entière, ce qui n'est pas généreux, car les innocents ne devraient pas subir le même mépris ni les mêmes peines que le coupable.

Non, il n'en devrait pas être ainsi, car si l'on

considérait que cette pauvre humanité, qui n'est que misère et faiblesse, à cause de son imperfection, et qu'il ne faut qu'un moment d'erreur ou d'oubli pour compromettre les plus belles actions de toute une existence, on ne devrait plaindre, du plus profond du cœur, que l'être qui a manqué au plus sacré des devoirs, qui est celui de la sagesse, et arrêter là ses paroles.

Mais aussi, il ne faut pas croire qu'à celui-là qui a eu la fatalité de tomber ainsi dans cet oubli de lui-même, il ne sera pas tenu compte de ses bonnes actions passées ; car, s'il en était autrement, il y aurait lieu de désespérer de la générosité de Celui dont la bonté est infinie, qui, dans sa sagesse, n'a pas voulu que pour un seul vice ou une imperfection quelconque, les créatures de sa main soient perdues complètement.

O homme, soyez donc bon et généreux en pardonnant de cœur aux coupables, en évitant d'augmenter leurs maux par la médisance.

Rassurez-vous, et la Société aussi, car s'il est reconnu que des actions coupables ont eu lieu, si elles sont punissables, suivant la loi, que c'est à la justice humaine, pour le présent, qu'il appartient de punir les méfaits.

ARTICLE XXXIV

PHILANTHROPIE

Désir de faire du bien aux hommes, pour la conservation
et la protection de l'espèce.)

Combien de Philanthropes se sont occupés à
résoudre la grande question qui a pour principe
la protection et surtout la conservation de l'espèce
humaine, notamment en cherchant à conjurer le
plus grand des fléaux qui puisse atteindre les
hommes, en les décimant, c'est la Guerre ; malgré
le bon vouloir de quelques Souverains, on en est
resté au même point, la guerre continuant à avoir
lieu. Pour y parvenir, il faudrait que tous les Chefs
des Nations civilisées du globe se missent d'accord
pour vider cette question humanitaire, ce qui, à
notre époque, devrait avoir impérativement sa
raison d'être, le progrès marchant à grands pas.

Ne pourrait-on pas tenter de faire appel à la protection et au bon vouloir des hommes les plus
éminents de toutes les Nations, en les suppliant
de vouloir bien intercéder auprès des Chefs suprêmes de chacune d'elles, afin qu'une alliance sincère intervienne entre eux pour arrêter les maux
de la guerre, ce serait la conquête la plus merveilleuse pour le genre humain.

Alors, les peuples de leur côté devraient, par un

pacte solennel, jurer de garantir et de protéger les droits des Souverains ou des Chefs des Nations, en ne cherchant plus à attenter à leur vie, ni à ameuter les masses contre eux.

Si ce problème était ainsi résolu, la paix et la concorde règneraient sur la terre ; les gouvernements n'auraient plus qu'à s'occuper à travailler au perfectionnement du bien-être des peuples.

ARTICLE XXXV

RÉFUTATION D'UNE PENSÉE QUI SEMBLE ENCORE FAIRE CROIRE AUX HOMMES QUE LA GUERRE, LE PLUS GRAND DES MALHEURS QUI PUISSENT FRAPPER OU ATTEINDRE LES NATIONS, EST UN MAL NÉCESSAIRE, PARCE QU'AUTREMENT IL Y AURAIT LIEU DE CRAINDRE QUE LA TERRE NE PUT SUFFIRE A LA NOURRITURE DE SES HABITANTS.

On devrait s'attacher à réfuter ou à combattre la grave erreur qui semble encore préoccuper la société sous le rapport de l'augmentation des populations, à cause de la crainte qu'on aurait que la terre, cette prodigue nourrice des humains, ne pourrait plus produire suffisamment de quoi nourrir un trop grand nombre de ses enfants.

Sous ce rapport-là, il n'y a pas lieu de redouter aucune disette des choses nécessaires aux besoins de la vie, surtout en présence de l'étendue considérable de terrain qui, dans tous les pays, serait encore susceptible d'être livré à la culture. Au surplus, depuis l'application de la vapeur aux transports des choses de toute nature, ce qui permet d'exporter, en très peu de temps, les produits alimentaires des pays les plus favorisés sous le rapport de la production, dans ceux qui l'ont moins été, cela doit suffire pour rassurer les populations de chaque contrée, puisqu'elles n'ont plus à redouter le manque de vivres ni la famine.

En ce qui nous concerne, en France, par exemple, combien de terre ne pourrait-on pas rendre à la culture, si cela devenait nécessaire! Notre cadre est trop étroit pour pouvoir nous développer à cet égard, au surplus, les Statistiques sont là pour le prouver.

Et, l'Algérie, cette belle et fertile Colonie, une de nos plus riches conquêtes du xixᵉ siècle, qui nous touche de si près, ne suffirait-elle pas, à elle seule, si elle était cultivée, comme elle devrait l'être, pour produire de quoi nourrir la mère patrie!

Les autres nations sont presque toutes dans les mêmes conditions que nous.

Si l'accord avait lieu entre toutes les nations civilisées du globe, au moyen d'une paix bien assurée, on pourrait prendre toutes les dispositions nécessaires pour donner du travail aux ouvriers de toutes les industries les plus utiles, et surtout encourager ceux qui se livreraient aux travaux de l'agriculture et de la terre en général ; par ce moyen, on éviterait les crises industrielles, par suite du bien-être qui en résulterait, les mariages se feraient plus facilement, alors, le nombre des habitants de chaque contrée irait toujours en augmentant, contrairement à ce qui se produit depuis quelques années, particulièrement en France.

ARTICLE XXXVI

DU CÉLIBAT DES MINISTRES DE LA RELIGION, DE CELUI DES RELIGIEUX OU RELIGIEUSES APPARTENANT A DES CULTES QUI EN FONT PROFESSION.

La vertu, la piété du cœur, la pudeur, la modestie et la simplicité, sont dignes d'admiration en tant que le Mariage ne peut encore avoir lieu. Rien ne devrait empêcher les personnes vouées à un culte quelconque de les pratiquer après avoir reçu le sacrement du Mariage en s'unissant.

En présence des paroles divines rapportées par les Saintes Ecritures (la Bible) : *Allez, croissez et multipliez*, et le progrès de notre temps, le Célibat ne devrait plus avoir sa raison d'être. Il a été prôné et imposé dans des temps de fatalité; alors, le droit d'aînesse, ce droit inique, existait. Depuis longtemps déjà la saine raison l'a aboli en établissant la légalité à l'égard des enfants, c'est pourquoi chacun devrait toujours être libre, n'importe dans quelle situation où il se trouve, de s'unir par le Mariage.

Vénérables et respectables ministres de la religion et religieux de tous les ordres, vous tous, *à qui, par la volonté des hommes*, on a imposé l'obligation du Célibat(1), et vous, humbles et soumises religieuses, surnommées les Servantes du Seigneur et du Christ ou du Messie, cette perfection humaine qui a daigné habiter sur la terre parmi nous, Saintes filles dont la profession est de prier, d'aimer et de respecter les choses sacrées, et qui, généralement, êtes si dévouées pour secourir les malades, les pauvres, les infirmes et toutes les

---

1. En Occident, c'est au Concile d'Elvire, en 305, à cette assemblée de Prélats catholiques, où l'on délibère et décide des questions de Doctrine et de discipline, que le Célibat ecclésiastique fut spécialement imposé à tous les ordres supérieurs.

Plusieurs autres Conciles confirmèrent cette discipline.

Toutefois la défense formelle du Mariage pour les Clercs fut promulguée solennellement par le Pape Urbain II, en 1088 et 1099

Au 2e Concile de Latran, par le Pape Calixte II, en 1123 et renouvelée par le Pape Innocent II, en 1139.

Enfin, le Concile de Trente, en 1560, sous le Pontificat du Pape Pie IV, confirma simplement toute la législation ancienne du droit Canonique ayant trait au Célibat des Ecclésiastiques et des Ordres religieux.

personnes qui souffrent de misère, en vous mariant, croyez-vous que, dans ces conditions-là, les bienfaits que vous continueriez à exercer ne trouveraient pas leur approbation auprès de Celui, à qui, par le Culte et vos prières, vous ne cessez de rendre hommage ?

Il y a peu de temps, un homme considérable, un savant religieux qui, du haut de la chaire, a tant de fois, par ses discours, causé l'admiration d'innombrables auditeurs, en faisant entendre des paroles de paix, de concorde, de conciliation, de bonheur, d'espérance, de charité et de fraternité, en un mot, tout ce qui pouvait tendre à inculquer dans les cœurs, l'amour du beau et du bien, ainsi que les meilleurs sentiments humanitaires et religieux, hé bien, il a renié ou désavoué le Célibat, en se mariant, ce qui ne l'empêche pas de continuer à pratiquer les principes religieux auxquels il s'était voué. Il serait difficile de mieux inaugurer une si noble voie.

En terminant, malgré qu'on nous ait deviné, nous allons le nommer. C'est, en religion, l'éloquent et célèbre orateur chrétien, le Père Hyacinthe, ou un grand et vertueux Citoyen, qui a une intéressante et jeune famille, à laquelle il a donné le nom de Loyson.

ARTICLE XXXVII

DU CÉLIBAT VOLONTAIRE CHEZ LES DEUX SEXES

(Ou état d'une Personne non mariée.)

Toute personne, homme ou femme, à moins d'être reconnue incapable pour le mariage, devrait se marier. C'est un devoir naturel et sacré, confirmé et reconnu par tout ce qu'il y a de plus noble et de plus respectable sur la terre.

Dans le cas contraire, si c'est un homme qui se voue au célibat volontairement, il agit contre nature en ne se mariant pas, et il lui est difficile, pour ne pas dire impossible, de ne pas enfreindre les lois suprêmes et sociales, soit en se livant au libertinage ou en cherchant à corrompre l'innocence ; il est aussi exposé à user de subtilité pour parvenir à porter le trouble dans les ménages les mieux unis, conséquences qui, pour les femmes, auraient pour principes le déshonneur, et pourraient causer la ruine de la maison et celles d'innocentes créatures qui seraient nées de cette union.

S'il s'agit d'une femme qui, par égoïsme(1), obstination ou indifférence, tient à garder le célibat,

---

1. L'égoïsme (tout pour soi) est une des principales plaies de la Société moderne. Il s'empare de ceux qui envisagent leur bonheur dans la possession de grandes richesses, ce qui

elle s'expose, en ne se mariant pas, outre la privation du bonheur naturel d'être épouse et mère, à des regrets inévitables, et aussi à tomber dans la corruption ou l'ennui, ou à attirer sur elle des maux trop connus de nos jours, dont les principaux sont l'hystérie, la tristesse, la maladie noire ou le dégoût de la vie, et autres maux aussi funestes.

L'homme et la femme étant nés l'un pour l'autre, une union légitime doit les réunir pour les attacher ensemble, afin qu'ils puissent mutuellement s'aider à supporter la joie, le bonheur, les soucis, les peines, les tourments et tout ce qui a trait à notre existence pendant notre court séjour sur la terre.

---

est une folie, car, comme nous l'avons dit tant de fois, sachons donc nous contenter d'une honnête aisance, si nous voulons être réellement heureux pendant le peu de temps de notre existence sur la terre.

Le plus ordinairement si l'on redoute les liens naturels du Mariage, c'est à cause de la crainte de posséder plus d'un ou deux enfants, la plupart voudraient même ne pas en avoir aucun.

On trouve rarement de nombreuses familles aujourd'hui chez les personnes possédant une certaine fortune, même chez les riches... Aussi lorsqu'une personne engouée de l'amour des richesses, se marie, emploie-t-elle tous les moyens en son pouvoir afin de limiter le nombre d'enfants, mais, souvent il en résulte une punition d'en haut qui la prive entièrement de famille, ce qu'elle déplore lorsqu'il n'en est plus temps.

Ces principes sont contraires à ceux de nos devanciers, eux qui trouvaient le bonheur dans la possession d'une grande famille ; aussi disait-on alors : Dieu ou la Providence bénit ou rotège les grandes Familles : Ce qui est souvent vrai.

ARTICLE XXXVIII

DE LA SUPRÉMATIE DE L'ÉTERNEL

(Droit d'être au-dessus de tout ce qui existe.)

Le Tout-Puissant, l'Eternel, ce grand Architecte de l'Univers, Créateur et Souverain maître de toutes choses, n'a pas voulu que les faibles mortels, ces êtres imperfectibles, puissent pénétrer les sublimes mystères des lieux indéfinis où domine sa Suprématie. Il y a établi des barrières infranchissables pour empêcher qu'on arrive près de lui : les hauteurs du Ciel, les profondeurs de la terre, celles des mers illimitées, et les extrémités des pôles indéterminées en sont les preuves. Ces choses incommensurables (qui ne peuvent être mesurées) et sans fin suffisent pour démontrer aux plus puissants dominateurs des hommes qui prétendent avoir tout pouvoir ici-bas, que comparativement à ceux de l'Eternel, ils ne sont que Néant.

En outre, l'Être-Suprême a aussi voulu que l'humanité, à son arrivée dans le monde, y annonce sa venue par un cri de douleur en aspirant l'air, ce souffle de la vie, après avoir reçu cette âme mystérieuse, dont la conviction est un guide aussi sûr que le raisonnement, et qui a pour mission de régir l'être qui la possède pendant tout le cours de son existence.

Il a encore voulu qu'à sa venue dans le domaine du monde, celui-là qui, par le destin, est appelé à être un des puissants dominateurs des hommes vivants sur la surface de la terre, subisse le sort commun des simples mortels, en apportant avec lui cette sentence suprême, écrite en caractères mystiques :

Condamné, en naissant, à souffrir, à mourir, et successivement à ne plus être que cendre et poussière...

A cette fin, il ne reste plus que l'espérance d'une vie meilleure, dans un autre monde, selon les bonnes ou mauvaises actions dont on aura usé envers ses semblables, ici-bas.

ARTICLE XXXIX

UN MOT SUR LA DÉFINITION DE L'ENSEIGNEMENT ET DES CONNAISSANCES QUE LES ENFANTS DOIVENT ACQUÉRIR AVANT DE S'ÉTABLIR DANS LE MONDE. — AVIS SUR LE CHOIX D'UN ÉTAT.

L'Enseignement peut être défini de deux manières :

La première, comprend l'Instruction, ou préceptes donnés pour instruire. — Connaissances données ou acquises. — Sciences en général ou limitées, selon les circonstances ou la situation du sujet qui les reçoit.

Exemple : Un savant est un homme qui fait faire des progrès à la Science. Un homme qui possède beaucoup de connaissances, mais qui n'est pas capable de reculer les limites du champ scientifique, est un homme érudit. Un savant, qui a beaucoup de science, est bien instruit.

La deuxième comprend l'Éducation, ou soins donnés à celui qu'on veut instruire, dont on veut former le corps, l'esprit, les mœurs, ou la manière de se conduire dans le monde.

Exemple : La meilleure et la plus solide éducation que les pères et mères puissent enseigner à leurs enfants, outre la morale, c'est celle de l'exemple.

Il en est de même des Maîtres, Chefs d'institution, Professeurs, Précepteurs, ou de toute autre personne qui fait profession d'instruire la jeunesse.

Un exemple que nous n'avons pas oublié, et qui peut trouver sa place ici, nous allons le raconter :

En passant devant un rang d'écoliers qu'on menait à la promenade, tous enfants de onze à quatorze ans, nous entendîmes un professeur, qui avait un cigare allumé à la bouche, interpeller un de ces jeunes gens, en lui disant : Est-ce que vous ne fumez pas? Non, lui répondit l'enfant, Papa ne veut pas! Hé bien, ajouta le professeur, est-ce que votre père est là? Voilà qui mérite une certaine appréciation...

L'Instruction gratuite et obligatoire, devant être donnée à tous les enfants, sans aucune exception, est une des plus grandes conquêtes de nos jours (1), puisqu'elle a pour motif la régénération sociale et la civilisation des masses, et, par suite, à rendre aptes les enfants, devenus hommes ou femmes, à occuper dans le monde une position en rapport avec leurs facultés, sauf cependant quelques considérations que nous développerons plus loin.

La première éducation donnée à l'enfant du premier âge a lieu dans les salles d'asile ou classes enfantines.

Il importe aux Directrices de ces établissements, à qui ces tout petits enfants sont confiés, de les

---

1. Toutes les Communes et les principaux Hameaux de la France sont actuellement pourvus, dotés ou favorisés de Maisons d'école, où des maîtres et des maîtresses titrés, après avoir été reconnus capables d'enseigner par l'autorité compétente, y sont installés pour y recevoir de la part des parents, à partir de l'âge de six ans, tous les enfants afin de leur donner l'instruction gratuite dont l'obligation a été imposée, par la loi du 28 mars 1883, à toutes les jeunes générations.

Il y a lieu de croire et d'espérer que, dans un avenir prochain, on ne rencontrera plus des personnes illettrées, toutes sauront lire et écrire, etc.

L'enseignement facultatif a été accordé aux familles qui veulent faire donner chez elles l'instruction à leurs enfants, à la charge par elles d'en faire la déclaration à la mairie du lieu de leur résidence et de choisir des maîtres ou des maîtresses revêtus des titres exigés pour l'enseignement. (Art. 7 de la loi.)

initier à l'amour du bien, à la tendresse envers leurs petits compagnons, et à l'obéissance envers leurs parents, et, en un mot, de leur enseigner toutes les vertus susceptibles d'être comprises par ces jeunes créatures au début de la vie.

Aux Éducateurs et aux Éducatrices à qui les jeunes enfants dont nous venons de parler sont envoyés dès l'âge de six ans, où déjà ils ont commencé à comprendre les devoirs qu'ils sont appelés à remplir au milieu de la société où ils doivent vivre, c'est à eux d'achever de les former.

En ce qui concerne l'instruction à donner aux enfants, outre l'enseignement selon le programme des connaissances exigées, la saine morale, l'amour du beau et du bien, le dévouement à la patrie ; l'affection, la reconnaissance envers les auteurs de leurs jours, et envers les personnes qui leur sont chères ; les inspirations des nobles vertus du travail, la tempérance, la sobriété, la vertu, la simplicité dans les mœurs, la politesse et la reconnaissance envers la société, d'autant plus qu'elle contribue pour une large part, par ses dons et ses libéralités, en faveur des écoliers ; le mépris des choses superflues, ne doivent pas être oubliés, ainsi que la pratique de cette vénérable maxime : de ne pas faire à autrui ce qu'on ne voudrait qu'il vous fît.

On pourrait aussi ajouter : le respect et l'honneur, sans *superstition*, des choses sacrées, enseignement dont le soin est spécialement laissé aux

Ministres des différents Cultes. Ceux-ci aussi devraient être respectés.

C'est aux hommes d'Élite, qui, par l'inspiration ou la vocation, ont reçu du Ciel, la mission d'enseigner à l'humanité la connaissance de la Religion professée par chaque Culte. C'est donc aux Prêtres, Pasteurs, Rabbins, Ismans (prêtres mahométans) ou tous autres Ministres d'un culte quelconque, qu'appartient le droit d'enseigner la Morale Divine et Humaine, dont ils ont publiquement la Direction.

Outre la démonstration et la pratique des choses susceptibles d'être vénérées, l'enseignement religieux ou l'instruction donnée par des Ministres de n'importe quel culte, cet art d'enseigner recommande la Vertu, la Sagesse, la Tempérance, la Sobriété, l'amour du prochain, et la pratique de tout ce qui devrait être respecté sur la terre, en un mot, cette sublime morale qu'on ne devrait pas cesser d'appliquer, qui est celle de ne pas faire à son prochain ce qu'on ne voudrait pas qu'il vous fasse.

A l'appui de tous ces principes, l'enfant devenu homme ou femme, comme nous l'avons déjà dit, plus loin, devant occuper, dans la société, une place en rapport avec sa position ou son aptitude, là naît, pour les familles, un grand embarras sous le rapport du Choix d'un état.

A moins que l'enfant ait été reconnu doué d'une intelligence supérieure ou exceptionnelle, il ne .

faudrait pas, dans son intérêt, chercher à en faire un Savant.

Il serait préférable, l'expérience le prouve tous les jours, lorsqu'un enfant possède les capacités ordinaires, de donner à ce jeune Citoyen une instruction limitée, c'est-à-dire en rapport avec la profession ou l'état auquel on le destine.

Si vous destinez ce jeune être au commerce, soit à un de ceux faits par le plus grand nombre, lorsque l'enfant a obtenu le Certificat d'études primaires, dont les connaissances exigées pour cette obtention consistent à connaître : la lecture appliquée, l'écriture, le calcul, la grammaire, l'orthographe, des notions de style, de géographie et d'histoire. Il suffirait pour parfaire l'instruction de cet enfant de lui faire donner quelques leçons de tenue des livres, on pourrait, alors, le placer dans le commerce ; plus jeune est le sujet, mieux cela vaut.

Si vous voulez en faire un artisan ou travailleur, outre les connaissances énumérées plus haut, il conviendrait quelquefois de lui faire donner quelques leçons de dessin en rapport avec l'état auquel, suivant le choix de l'enfant, il serait destiné ; dans ces conditions-là on pourrait le mettre en apprentissage, toujours le plus jeune possible.

S'il s'agit de petits employés, soit du gouvernement, ou d'une administration quelconque, c'est une position qui, suivant l'avis de la majeure partie de ceux qui possèdent ces emplois, est généralement peu rétribuée, alors il y aurait beaucoup plus d'avantage et aussi de liberté, pour le jeune Citoyen, de lui faire apprendre un métier quelconque (1).

Et vous, Habitants de nos belles et fertiles campagnes, vous, qui, la plupart, exercez la plus utile, la plus honorable, on pourrait dire la plus noble des professions, celle d'agriculteur, dont l'art consiste à cultiver la terre, pour lui faire produire de riches moissons, ou d'autres productions nécessaires pour l'alimentation des populations, si vous avez des enfants, accoutumez-les, dès leur plus tendre jeunesse, à aimer votre profession et le pays qui les a vus naître. Outre les connaissances de l'instruction dont nous avons parlé plus loin qu'ils devraient posséder, si cela vous est possible, faites donner à ces enfants quelques notions d'agriculture ou autres toujours en rapport avec la profession qu'ils doivent embrasser.

En s'établissant dans leur pays natal, ces jeunes gens seraient assurés d'y vivre honorablement, eux et leur famille, en travaillant; ils y trouveraient une existence paisible et assurée, sous le rapport du bien-être; les bons conseils et surtout l'expérience de leurs parents, de leurs amis et de

____

1. Presque tous les Enfants, contrairement à ce qui a lieu de nos jours, auraient le plus grand intérêt à continuer à exercer la profession de leurs pères, surtout quand ceux-ci ont réussi à amasser un certain bien-être, même une modeste aisance.

leurs connaissances, ne leur feraient pas défaut ; et, en outre, ils auraient, le plus ordinairement, la satisfaction de vivre auprès de ceux qui leur ont donné le jour.

Indépendamment de tous ces avantages, ils y trouveraient la paix et le véritable bonheur, au moyen d'une vie régulière, qui, à la campagne, est généralement basée sur la sobriété, la tempérance, la sagesse, un travail paisible et modéré, conséquences d'une santé solide et d'une longue existence, exempte d'infirmités.

Surtout, pères et mères, faites tous vos efforts pour retenir vos enfants auprès de vous, en les initiant à vos travaux des champs, car pour le cas, où malheureusement, des idées d'ambition feraient préférer à ces innocentes créatures d'aller dans les grandes villes pour s'y établir, ou y exercer une profession quelconque, cela serait fâcheux ; là souvent, au lieu d'y réaliser le rêve d'y faire fortune, on est exposé à s'y ruiner.

Outre les déceptions de toutes sortes, on est encore exposé à la fréquentation de mauvaises compagnies susceptibles de faire perdre tout ce que l'homme a de plus sacré ici-bas, l'honneur et la santé, dont les suites désastreuses sont la misère et tout le funeste cortège de maux qui la suivent.

ARTICLE XL

RECOMMANDATION AUX ÉCOLIERS QUI ONT CESSÉ DE FRÉQUENTER L'ÉCOLE

Lorsque des écoliers ou des écolières sont rentrés dans leurs familles ou qu'ils sont mis en apprentissage, surtout étant munis du certificat d'études primaires, ou autre, ils doivent avoir le soin, dans leurs moments de loisir, de travailler à perfectionner leur instruction, soit en revisant ou en examinant leurs anciens cahiers ou devoirs d'écoliers, afin d'éviter d'oublier ce qu'ils ont appris. En outre, comme délassement, pour continuer à former leur esprit et leur cœur, ils peuvent se livrer ou s'adonner à de bonnes et saines lectures, en ayant le soin d'éviter celle des romans, car ceux-ci, le plus ordinairement, ont pour effet d'exalter les passions et de corrompre les meilleurs sentiments, surtout ceux des jeunes filles. On pourrait d'abord recommander la lecture du *Télémaque*, ce chef-d'œuvre de l'illustre Archevêque Fénelon, surnommé le Cygne de Cambrai, et ce, à cause de sa bonté, de sa douceur, de sa modestie, de son aimable caractère et de ses hautes vertus. Malgré toutes ces qualités, personne n'ignore que ce vénérable Prélat a été l'objet de persécutions d'une autre célébrité, non moins respectable, de son temps, l'Évêque Bossuet, surnommé l'Aigle de Meaux, à cause de son caractère violent et impétueux. Il est l'auteur d'ouvrages estimés. Qui n'a pas lu un de ses chefs-d'œuvre, son *Discours sur l'histoire universelle !*

Le *Télémaque,* à cause de son style, des leçons de principes, de vertu, de bons conseils et d'autres beautés, sages et utiles qu'il renferme, a été reconnu digne d'être recommandé en lecture à la jeunesse. Cette recommandation spéciale de ce livre ne veut pas dire qu'on ne doit pas lire d'autres ouvrages ; au contraire, tous ceux de Morale, de Sciences, en général, tant des auteurs anciens que ceux des auteurs modernes, peuvent être lus avec avantage.

Les aventures d'Aristonoüs, qui, le plus ordinairement, se trouvent à la suite du *Télémaque,* peuvent aussi être lues avec un grand intérêt.

ARTICLE XLI

CONSEILS AUX VIEILLARDS CONCERNANT LES DONS OU LIBÉRALITÉS QU'ILS SONT SUSCEPTIBLES DE FAIRE AUX PERSONNES ATTACHÉES A LEUR SERVICE.

Lorsqu'on est parvenu à un âge avancé, en cas d'infirmités, ou autrement, on a besoin de rece-

voir des soins particuliers de la part d'un serviteur qu'on attache à sa Personne.

Le plus ordinairement, on est si bien disposé
envers celui-ci qu'on veut lui prouver sa reconnaissance, ce qui a lieu au moyen d'une donation,
soit d'un immeuble ou d'une somme d'argent
quelconque, dont le serviteur ou domestique doit
être mis en possession après le décès de son
maître.

En agissant ainsi, combien d'abus, hélas! se
sont produits!

Il serait préférable d'agir autrement, c'est-à-dire
d'intéresser la personne qui vous donne des soins
pour la prolongation de votre existence, en lui al-
louant, pour chaque année de service, une somme
supplémentaire, en sus de ses gages, et en rapport avec son dévouement.

Autrement, on est exposé à être la dupe de celui
à qui on a fait une trop belle part de ses richesses;
exemple : Vous dites à votre serviteur qu'en reconnaissance des bons soins qu'il n'a pas cessé de
vous prodiguer jusqu'à ce moment, surtout ayant
l'espoir de les voir continuer avec tout le zèle possible, que vous allez faire demander un Notaire
pour lui faire assurer, au moyen d'un don, une
propriété ou une somme d'argent plus ou moins
forte, dont il sera mis en possession, à compter
du jour de votre décès.

Dans ces conditions-là, vous vous mettez à la
merci ou à la discrétion de votre domestique, et

ce, sans pouvoir y remédier, parce qu'avec l'augmentation de l'âge les facultés s'affaiblissent, alors on devient incapable de pouvoir agir si un abus quelconque a lieu contre soi, et, malheureusement, le plus ordinairement, la cupidité avec le désir de jouir le plus vite possible de vos libéralités changent les bonnes dispositions de votre Domestique envers vous; de bon et zélé serviteur qu'il était auprès de votre personne, il devient indifférent, en négligeant le plus sacré des devoirs qu'il avait promis d'accomplir lorsque vous étiez en possession de la plénitude de vos facultés, et, d'abus en abus, au lieu de protéger votre existence il serait plutôt disposé à en avancer la fin.

DEUXIÈME PARTIE

LES
MOYENS ASSURÉS DE VIVRE CENT ANS
ET PLUS

Toute Personne qui a le bonheur de naître bien constituée même celle qui l'est faiblement, et dont les principaux organes sont sains, peut espérer, en suivant les préceptes expliqués à l'article Hygiène perfectionnée qui va suivre, vivre cent ans et plus.

HYGIÈNE PERFECTIONNÉE
(Moyen de devenir le médecin de soi-même.)

Les principaux préceptes d'Hygiène à pratiquer sont on ne peut plus précieux pour conserver la santé et prolonger l'existence sans infirmité ; les conseils à suivre sont les suivants ; ils sont aussi on ne peut plus précieux à observer :

Conservez-vous la tête fraîche, les pieds chauds et le ventre libre, et moquez-vous des médecins. Seul secret écrit laissé par un des plus célèbres médecins-chimistes du dix-huitième siècle, à ses nombreux élèves après sa mort.

Il convient d'ajouter :

Observez la Tempérance et la Sobriété, elles sont, avec le travail, les trois vrais médecins des hommes : le travail aiguise l'appétit et entretient la souplesse des membres, la tempérance et la sobriété empêchent d'en abuser ;

Pour la santé du Corps, il convient de ne pas satisfaire complètement son appétit, et pour celle de l'Ame, de ne pas contenter tout-à-fait ses désirs ;

Evitez tous les excès de travail, de fatigue et de plaisir, n'en usez que sagement selon vos forces et votre constitution ;

Menez une existence calme et régulière ;

Levez-vous dé bon matin ;

Prenez chaque jour, au grand air, beaucoup d'exercice à pied, chacun selon sa vigueur.

Rappelez-vous que l'exercice à pied est encore utile après chaque repas, puisque l'on sait qu'on digère plus avec ses jambes qu'avec son estomac ;

Prenez aussi, de temps en temps, un bain d'eau plutôt tiède que trop chaude ; dans ces dernières conditions, le bain serait nuisible. A défaut de baignoire, lavez-vous, assez souvent, le corps avec de l'eau tiède, en hiver, et de l'eau à la température de l'air ambiant, celui qui vous entoure, pendant les chaleurs, et ce, à l'aide d'une éponge ou d'un linge, afin de débarrasser la peau des impuretés qui la couvrent, celles-ci étant susceptibles de nuire au bon fonctionnement de la peau, en obstruant les pores, ainsi qu'aux bons effets de la transpiration ;

L'action du mariage pourrait aussi faire partie de l'hygiène ;

Nourrissez-vous principalement de légumes, de poissons bien frais, moins ceux provenant d'eaux boueuses et vaseuses ; d'œufs frais, de beurre, de crême douce, de lait, aliment excellent, même pris seul, parce qu'il permet de bien se porter et de vivre longtemps ; de bouillie (farine de froment ou de riz bouilli avec du lait) ; de riz, de miel, très bon aliment; de volailles, de viandes blanches, veau et autres ; de mouton, de bœuf (en petite quantité) ; en salade : du cresson de fontaine et alénois, des chicorées, notamment celle dite sauvage, etc., surtout assaisonnée de bonne huile d'olive, et de peu de vinaigre de vin ; des fruits : beaucoup de raisins, fraises, cerises, groseilles, cassis ; des dattes, des oranges, des pruneaux. Varier vos mets.

Recommandation spéciale : avant d'avaler vos aliments, ayez le soin de bien les mâcher ou de les broyer, afin de moins fatiguer votre estomac et de faciliter la digestion.

Parler le moins possible en mangeant, ne pas parler du tout serait préférable.

Ne pas oublier que la trop grande quantité do mets mangés empoisonne.

Évitez les pertes de forces exagérées qui amènent une dépense du calorique ou fluide nécessaire au fonctionnement des organes ainsi qu'aux réactions

7

chimiques qui doivent avoir lieu dans l'économie.

Réglez l'alimentation en raison du travail musculaire que vous êtes appelé à fournir, de façon à ce que la dépense du travail soit proportionnelle aux forces puisées dans l'alimentation, en ayant soin de ne pas en dépenser plus que celle-ci peut en donner ;

En agissant de la sorte vous aurez des digestions régulières, votre appétit sera soutenu, vos organes ne seront pas surchargés par excès de matériaux, votre respiration sera facile et complète ; le sang sera fluide et pourra circuler librement ;

Pour boisson : boire, s'il est possible, du vin vieux, additionné d'eau ;

Du cidre bien fait, plutôt faible que trop fort ;

De la bière, bonne qualité ;

De toutes ces boissons, en boire en petite quantité.

Pour le cas où l'on ne pourrait pas se procurer des boissons fermentées de bonne qualité, il serait préférable de boire de l'eau pure, surtout si elle était bien claire et sans mauvais goût ;

On pourrait aussi additionner le vin d'eau dans laquelle on aurait laissé infuser, à froid, peu de temps, de la racine de gentiane, une petite quantité, c'est un bon amer, tonique, fébrifuge ;

Aussi de l'eau de goudron, tonique, étant mêlée au vin ;

Aussi l'eau dans laquelle on fait infuser, à froid, de la graine de lin, celle-ci est bonne pour les maladies des voies urinaires et des poumons, étant mêlée au vin ;

On pourrait encore boire de l'hydromel, boisson fermentée composée de miel et d'eau ;

De la limonade, c'est une boisson rafraîchissante qu'on prépare pour boire dans les chaleurs, avec de l'acide de citron, mêlé avec de l'eau et un peu de sucre ;

Du café, mêlé avec suffisante quantité d'eau ;

De l'eau sucrée, additionnée de quelques gouttes de bonne eau-de-vie ;

Toutes ces boissons sont hygiéniques (avoir soin d'user, pendant peu de temps, de chaque sorte), varier ;

Surtout méfiez-vous des substances alimentaires et des boissons lorsqu'il y a lieu de craindre leur falsification, car si vous en faisiez usage, vous altéreriez l'état de vos organes, vous compromettriez votre santé et votre existence.

Portez de la flanelle, bien se vêtir, principalement de lainage, en hiver, et des vêtements un peu plus légers, en été ;

Surtout, évitez les courants d'air ; ils sont funestes et même mortels quand on est en sueur, n'importe en quelle saison ;

Évitez avec soin l'humidité, alors il conviendrait, même en été, de se vêtir de lainage léger, si l'on veut éviter les douleurs ;

Boire à la température de l'air environnant, c'est-à-dire ne pas boire chaud, en hiver, et éviter de boire à la glace ou de l'eau trop froide, en été, surtout quand on transpire ou qu'on a chaud ; en n'observant pas ces préceptes on expose sa santé et sa vie ;

A moins d'être doué d'une très forte constitution, éviter de faire usage des instruments de musique à vent, ce qui est nuisible aux voies respiratoires, ensuite, cela peut compromettre la santé et déterminer la pulmonie ;

Ne se purger qu'autant qu'on en reconnaît la stricte nécessité. Dans ce cas, deux fois par an seraient plus que suffisantes. On devrait choisir, de préférence, le printemps, dans le mois de mai ; et l'automne, dans le mois de septembre.

On peut aussi considérer comme faisant partie de l'HYGIÈNE, les vices organiques opposés aux saines idées, telles que les affections morales, qui sont de nature à compromettre la durée de l'existence et à porter atteinte à la SANTÉ ; on a constaté que : l'ambition, l'avarice, l'envie, la colère, la jalousie, la tristesse, l'ennui, le désespoir, la paresse, l'orgueil, la joie excessive, l'imagination mal réfléchie, etc., envoient plus de mortels dans la tombe que les plus terribles maladies *épidémiques ou contagieuses réunies.*

En définitive, il y a lieu de reconnaître que l'excès de notre civilisation, dans beaucoup de cas, fait négliger d'avoir égard aux sages lois de l'hygiène. Ce qui est fâcheux.

PRÉCIEUSES EXPLICATIONS MÉTHODIQUES SUR LES BIENFAITS DE LA FRICTION COMME MOYEN CURATIF TRÈS HYGIÉNIQUE, SUSCEPTIBLE DE CALMER, MÊME DE GUÉRIR LES DOULEURS ET LES MALADIES.

La Friction, cette médication essentiellement Hygiénique, est susceptible de bien soulager, et souvent de guérir des douleurs aiguës dont on souffre, ainsi que bon nombre de maladies dont on est atteint, douleurs et maladies qui, fréquemment, sont reconnues incurables, parce qu'elles n'ont pu être guéries par les remèdes de la médecine ordinaire.

Le plus souvent, la plupart des douleurs que nous éprouvons, ainsi que beaucoup de maladies dont nous sommes affligés, sont dues à des humeurs malignes, qui ont leur siège dans plusieurs parties de notre corps, de nos membres, muscles ou chairs, articulations ou jointures, nerfs, ou qui sont dues à d'autres causes intérieures, qu'il est difficile, même impossible, à la science de connaître, étant invisibles, et dont les conséquences ont pour effet le ralentissement de la circulation du sang, ainsi que le trouble du système nerveux ; de là naît une certaine irritabilité qui bouleverse toute notre économie vitale, c'est dans ces conditions-là qu'on peut, avantageusement, avoir recours à la friction, et avec beaucoup de chances de succès.

Les Frictions sont faites ou pratiquées de deux manières, soit sèches, ou liquides :

Sèches, au moyen du creux ou de la paume de la main, d'une flanelle ou d'une étoffe de laine ; d'un gant de crin; d'une brosse d'étoffe douce ou de tout' autre appareil. A l'aide d'une de ces choses, on frottera les parties douloureuses, de haut en bas, qu'on veut frictionner;

Liquides, elles ont lieu avec les mêmes appareils que celles sèches, seulement, on enduit les parties qu'on veut frictionner, d'un liniment quelconque, soit huile, alcool, baume, onguent, cérat, pommade ou tout autre médicament. On doit aussi frictionner les parties malades, d'abord, doucement, et successivement, graduellement, on accélère le mouvement de la friction, afin de produire un plus grand dégagement de fluide.

Pour provoquer ou produire plus abondamment le fluide électrique, il suffit, tant pour les frictions sèches que pour celles liquides, d'imbiber ou de mouiller légèrement un linge dans de l'eau fortement salée, d'en toucher ou lotionner les parties qu'on veut frictionner, et ce avant d'appliquer le liniment et aussi d'opérer.

On peut toujours, avec avantage, sous tous les rapports, à cause du bien-être qu'on en éprouve, user de la friction, puisqu'elle a, en outre, pour vertu d'augmenter les forces, l'activité, l'énergie, de réjouir et de prolonger la vie.

Qui ignore les avantages de l'emploi de l'huile de l'alcool et de la pommade camphrés comme friction ?

Comme on l'a vu, on fait encore, avec succès, usage de beaucoup d'autres liniments pour frictionner.

Dans le cas de douleurs très aiguës ou de maladies compliquées, on devrait consulter le pharmacien, celui-ci donnerait pour frictionner le liniment qui conviendrait le mieux.

Remarque.—Chez la majeure partie des Nations civilisées de l'antiquité, et même chez quelques peuplades barbares du même temps, les bienfaits de la friction étaient connus et pratiqués. Hippocrate, un des plus illustres médecins-naturalistes de la Grèce, contrée où il est né au v⁰ siècle avant Jésus-Christ, ce père de la Médecine, faisait grand cas de la friction. Il la recommandait, non seulement aux malades, mais encore aux personnes en bonne santé.

Peu de personnes ignorent que les athlètes, ces hommes robustes et vigoureux, si adroits dans les exercices du corps, qui combattaient dans les jeux publics de l'ancienne Grèce (1) et ailleurs, qu'avant

---

1. La Grèce, magnifique contrée d'Europe, dont Athènes, cette célèbre ville grecque, autrefois capitale de l'Attique, est aujourd'hui celle de la Grèce moderne ou du Royaume Hellénique, auquel on a réuni le groupe des Sept Iles Ioniennes, dont l'ancienne capitale de celles-ci était Corfou.

de combattre, on répandait des corps gras sur leurs principaux membres et leurs articulations, soit des huiles ou des baumes, qu'au moyen de la friction on faisait pénétrer dans les muscles ou les chairs, ce qui leur donnait un surcroît de force pour les divers exercices auxquels ils se livraient.

LINIMENTS OU SUBSTANCES MÉDICAMENTEUSES, MOLLES OU LIQUIDES, LE PLUS ORDINAIREMENT EMPLOYÉS POUR FRICTIONS.

(Leur composition et leur préparation.)

Pommade camphrée pour. . . . . .   60 grammes.

Camphre, gomme ou substance
   résineuse aromatique, extraite
   d'une espèce de laurier qui croît
   aux Indes.   15   —
Graisse de porc, axonge ou sain-
   doux, bonne qualité.   45   —

Bien mélanger le tout, ou faire fondre au bain-marie, soit sur de l'eau qu'on aura fait bouillir dans un vase quelconque. Remuer, laisser refroidir après avoir introduit dans un petit pot qu'on aura le soin de boucher.

Huile camphrée pour. . . . .　　60 grammes.

Huile d'olive vierge ou à salade. .　45　　—
Camphre réduit en poudre fine. .　15　　—

Préparer le tout, comme il est dit ci-dessus, le mettre dans une fiole ou bouteille et bien boucher.

Alcool camphré pour. . . . .　　75 grammes.

Alcool ou forte eau-de-vie. . . . .　60　　—
Camphre pulvérisé ou mis en poudre. . . . .　15　　—

Bien agiter le tout pour opérer le mélange après l'avoir mis dans une bouteille qu'on aura le soin de bien boucher, afin d'éviter l'évaporation.

Cérat ordinaire pour. . . . .　　100 grammes.

Cire, produit des abeilles, blanchie, qu'on trouve dans le commerce chez les épiciers ou autres. . . . .　30　　—
Huile vierge pure extraite des olives (fruit de l'olivier). . . . . .　70　　—

Couper la cire par petits morceaux qu'on mettra dans un vase avec l'huile. Faire fondre au bain-marie. Bien opérer le mélange, et laisser refroidir avant de s'en servir.

On peut, si l'on veut, augmenter les quantités de chaque liniment, en proportionnant les doses de chacun.

On fait encore usage de cérats composés, on les trouve chez les pharmaciens tout préparés.

Quant aux Baumes, les principaux sont : le baume tranquille ; le baume opodeldoch, et autres, ainsi que des onguents divers ; toutes ces substances sont préparées par les Pharmaciens.

Remarque.— Hygie (Hygiée ou Hygiène), Déesse de la Santé, était fille d'Esculape, Dieu de la Médecine. Cette Divinité était très vénérée des anciens peuples de l'Orient ou du Levant, à laquelle ils attribuaient le don de conserver la Santé, et dont le Culte consistait à pratiquer les lois de la Tempérance, à ne commettre aucun excès, et à suivre d'autres précieux préceptes, notamment ceux de la Sagesse. Toutes ces vertus étaient enseignées aux peuplades des diverses contrées orientales par des Prêtres qui prétendaient être inspirés par cette Divinité. Malheur à ceux qui négligeaient de se soumettre aux ordres qui leur étaient transmis, car ils étaient fatalement atteints par les souffrances et la maladie, et, avant le temps marqué par le Destin, ils payaient de leur vie cette désobéissance.

DES PRINCIPALES CAUSES DE LA DÉGÉNÉRESCENCE OU PERTES DES FORCES VITALES DES RACES HU-MAINES DE NOS JOURS, COMPARATIVEMENT A LA CONSTITUTION DE CELLES DE NOS AÏEUX.

Les causes principales de notre dégénération sont dues à l'intempérance, et surtout à la nourriture abusive, en toutes choses, et trop succulente, notamment celle de la viande donnée à profusion aux jeunes enfants. Cet usage est loin d'être en harmonie avec la pratique des préceptes hygiéniques. Ces abus datent depuis environ trois quarts de Siècle. L'expérience a prouvé que, parmi ces descendants de nos pères, on ne voit plus que rarement des cas extraordinaires de longévité, à l'exception, accidentellement de quelques-uns que les journaux s'empressent de signaler, et ces cas ne se rencontrent, le plus ordinairement, que chez des individus qui habitent ou qui ont habité long-temps des pays isolés des grandes villes, et qui ont conservé la manière de vivre de leurs ancêtres en ne mangeant, avec frugalité, que des mets simples et grossiers, et surtout peu de viande. On ne peut se le dissimuler, qu'il a souvent été démontré, qu'il y a environ soixante et quelques années, on rencontrait en plus grand nombre qu'aujourd'hui, des macrobes ou vieillards de 80, 90, 95 ans, même des centenaires. Ceux-là n'avaient pas été élevés comme l'ont été depuis environ un demi-siècle, nos jeunes enfants, dont la majeure partie, mangent à leurs repas, même à déjeuner, beaucoup trop de viande, et autres mets choisis, surtout des côtelettes et des biftecks; notons que le bifteck était presque inconnu il y a un demi-siècle.

A cette époque, la majeure partie de la population se nourrissait simplement. Le déjeuné n'était, souvent, composé que de soupe, de lait, de riz ou du pain avec du fromage, du beurre, des fruits ou des légumes. Le dîner était à peu près composé des mêmes mets; sauf, quelquefois, de la soupe au lard et aux choux, des pommes de terre et d'autres légumes. Entre le dîner et le souper, on collationnait, c'est-à-dire qu'on prenait un léger repas, celui-ci était généralement composé d'un peu de pain et de fromage ou d'une *trempette*, soit du pain qu'on trempait dans de la boisson, du vin ou du cidre; le soir on se contentait, le plus ordinairement, de la soupe, de la bouillie (farine délayée dans du lait et bouillis ensemble dans un poêlon ou une poêle), du pain, du beurre, du fromage, un œuf. Il n'y avait que les jours de fêtes ou de réunions de famille qu'on faisait usage de viande rôtie, et en petite quantité.

La boisson consistait en petit vin, dans les pays de viticulture; du petit cidre ou de la bière légère. Hors les pays de production des boissons énumérées plus haut, on ne buvait le plus souvent que de l'eau pure.

Le vin était considéré comme boisson de luxe parmi les personnes peu fortunées ; même celles plus favorisées des dons de la fortune, en usaient très sobrement : les chemins de fer étaient inconnus alors.

Les mœurs de ces temps-là étaient plus pures que celles de nos jours. L'égoïsme était peu connu. La famille et la société s'aimaient et s'estimaient, et l'on était plus généreux les uns à l'égard des autres, puisqu'on s'empressait de venir en aide aux malheurs de ses semblables, chaque fois que cela était nécessaire.

On ne faisait pas non plus, à la même époque, autant d'usage de Nicotiane ou Tabac, dont nos jeunes modernes paraissent être fiers et orgueilleux d'en distiller la nicotine, qui est un poison violent, et ce, d'une manière peu réfléchie, dans des proportions même des plus fâcheuses pour leur santé : rien de si funeste que les conséquences de l'abus du tabac, même quand on en use en petite quantité.

N'est-il pas déplorable aussi de voir des enfants des écoles, dès leur plus tendre enfance, se livrer, même quelquefois sous les yeux de leurs professeurs, à l'usage du tabac. Sous ce rapport-là, on a vu également aussi des professeurs fumer, rarement, il est vrai, en présence de leurs élèves. Alors, il en est de l'exemple de ceux-ci comme ceux des pères, qui fument devant leurs enfants, et qui, encore en leur présence, se livrent à l'emploi de choses inutiles et souvent funestes, ce qui est malheureux pour ces jeunes êtres, car les enfants sont de zélés imitateurs des défauts des personnes au milieu desquelles ils ont été élevés. Ces enfants deviennent fumeurs de bonne heure ; ils perdent bientôt le sens du goût ; il leur faut des mets fortement épicés ; leur passion pour l'abus du tabac augmente ; ils fument à toute heure de la journée, même avant le repas, ce qui leur occasionne des digestions lentes et pénibles ; et en fin de compte leur intelligence s'oblitère, leur mémoire s'affaiblit, et, le plus ordinairement, ces jeunes êtres sont encore exposés à éprouver le be-

---

1. Un cas particulier susceptible d'être signalé concernant les fumeurs. On voit constamment, jusque dans les voitures des chemins de fer, des individus qui viennent s'imposer aux voyageurs, en se permettant de prendre place auprès de ceux-ci en fumant, ou plus tard, d'y fumer, et ce, sans demander l'assentiment des autres voyageurs, et au mépris des indications affichées dans chaque voiture par ordre des compagnies. Rarement on entend protester contre cette manière d'agir de ces fumeurs, même de la part des Dames, car malgré l'état de gène, l'incommodité et le dégoût éprouvés par quelques voyageurs, ceux-ci préfèrent souffrir plutôt que de réclamer, soit des auteurs du fait ou auprès des compagnies des chemins de fer, pour faire cesser cet abus, qui se produit, plus ordinairement, dans les wagons de 3e classe.

Si les compagnies voulaient reellement donner satisfaction aux voyageurs, il conviendrait qu'elles donnassent l'ordre à leurs employés de recommander, mieux de défendre aux voyageurs de fumer dans les wagons, à l'exception de ceux spécialement destinés aux fumeurs.

soin de boire trop souvent... (l'abus du tabac rond impuissant et peut faire naître de certaines pustules inflammatoires dans les organes, même le *chancre des fumeurs*).

Aux causes de dégénérescence dont il a été parlé plus loin, il est essentiel d'en signaler deux autres :

La première, c'est celle de l'abus de l'alcoolisme, soit : eau-de-vie, liqueurs, ou autres composés de l'esprit de vin, notamment l'absinthe. On peut aussi y ajouter le vin blanc, toutes boissons funestes à l'espèce humaine. Malheureusement on ne réfléchit pas assez aux graves conséquences de leur trop fréquent usage, dont les principales sont l'abrutissement et la folie.

La deuxième, est d'une grande importance, puisqu'elle est susceptible, non seulement d'abréger la vie, mais aussi de faire gravement dégénérer ou affaiblir notre espèce, c'est celle de l'abus prématuré de la copulation ou des passions charnelles.

Combien de jeunes êtres, qui, à peine sortis de l'enfance, s'y livrent sans frein ? Combien aussi, sous ce rapport, sont, avant l'âge de quarante ans, déjà vieux et incapables... plus que de véritables vieillards de soixante et quelques années, qui ont eu le bonheur d'éviter ces désolants abus.

DU LAIT, DU BEURRE, DU RIZ, DES RAISINS, DES FRAISES, DES ŒUFS ET DU MIEL COMME ALIMENTS ET MÉDICAMENTS.

Des bonnes qualités du Lait, ses Propriétés.

Le Lait, cette liqueur délicieuse, tirée ou extraite du pis des vaches, peut être considéré comme étant une des bonnes médications à laquelle on puisse soumettre une Personne dont les forces semblent l'abandonner, soit à la suite de l'abus ou de privations d'aliments, de nourriture ou de boissons de mauvaise qualité, ou de toute autre cause fâcheuse qui se produit chez le malade. S'il s'agit d'un habitant des grandes villes, il est, en outre, exposé à d'autres graves inconvénients, surtout celui qui demeure dans des quartiers populeux, dans des rues étroites, où l'air et la lumière ont de la peine à pénétrer ; dans le voisinage des endroits d'où s'échappent des miasmes putrides ou délétères qui corrompent ou inféctent l'air. Toutes ces choses, qui, réunies aux inconvénients que nous avons signalés plus haut, sont susceptibles de déterminer la maigreur, et, par suite, plus ou moins lentement, la pulmonie, la consomption ou le marasme et la mort, si l'on n'y remédie à temps.

Rappelons-nous que pour bien se porter et vivre longtemps sans infirmités, on doit essentiellement respiror un air pur, faire usage de bonne eau, d'aliments et de boissons de bonne qualité. Il convient, aussi, de régler le moment de prendre ses repas, c'est-à-dire manger à heure fixe, être calme ou tranquille, et sobre en toutes choses.

En ce qui concerne l'usage du lait pour la guérison des affections ou des maladies dont nous venons de parler, l'expérience a suffisamment prouvé que le lait de bonne qualité, celui qu'on boit tout chaud, c'est-à-dire aussitôt sorti du pis de la vache, notamment quand celle-ci pâture l'herbe des prairies, au printemps (le mois de mai), à l'automne, vers le mois de septembre, est capable de guérir ou de rétablir la santé des personnes malades.

Pendant tout le mois de mai, de préférence aux autres mois, et aussi pendant les mois de septembre et d'octobre, aussi longtemps que le bétail est au vert (à l'herbe), on peut faire une cure au lait de vache. Il est préférable de le boire sur place, aussitôt tiré du pis de l'animal, dans la prairie, ou la vache paît l'herbe ; en agissant ainsi, quantité de personnes se sont trouvées guéries. Le plus ordinairement, la dose est d'un verre le matin et autant le soir. On peut en prendre ou en boire d'avantage, ce qui est subordonné au goût et au tempérament de la personne.

Les personnes, en bonne santé, qui se soumettraient à ce régime, ne pourraient qu'augmenter la force de leur tempérament.

Pendant tout le temps du traitement ou de la cure, il n'est pas nécessaire de changer son régime ou sa manière de vivre.

Lorsque l'habitant des grandes villes demeure dans le voisinage d'une Vacherie, surtout lorsque l'étable est bien aérée, il peut, à défaut de mieux, faire usage du lait de celle-ci, aussitôt que le lait est tiré du pis de la vache et faire une cure. Lorsque les vaches mangent de l'herbe verte dans leur étable, leur lait a plus de vertu et il est préférable pour le rétablissement de la santé. Le lait expédié de la campagne, s'il n'était pas écrémé et falsifié, serait préférable.

Depuis quelque temps, on vend dans les grandes villes, surtout à Paris, du lait qu'on y expédie des campagnes. On l'envoie renfermé dans des vases bouchés soigneusement. Ce lait est généralement pur, c'est-à-dire non écrémé et exempt de toute espèce de mélange, même d'eau. Dans ces conditions-là, ce lait est excellent.

Dans beaucoup de circonstances, il convient de sucrer le lait avant de le boire, lorsqu'il est froid et que l'on doute de la qualité.

DU BEURRE — SES VERTUS

Le Beurre pur, ou de bonne qualité, nourrit, même abondamment ; il est susceptible de lâcher le ventre, et, lorsqu'il est bien frais, ou nouvellement fait, il adoucit l'âcreté des humeurs.

DU RIZ

Le Riz, ce grain, de la famille du blé ou des graminées, est un excellent aliment, étant de bonne qualité, gros et lourd. Lorsqu'il est bien cuit ou *crévé*, on l'additionne d'une quantité suffisante de bon lait, et on le sucre. L'usage du riz, ainsi préparé, est bon au goût et très nourrissant; en outre, il permet de vivre économiquement et de bien se porter.

La bonne santé des peuples, qui en font leur principale nourriture, suffit pour le recommander.

On fait usage du riz pour arrêter la diarrhée ou dévoiement; la dysenterie, espèce de flux de ventre, quelquefois mêlé de sang, avec des douleurs d'entrailles (boyaux, intestins ou viscères).

Le riz a la vertu de purifier le sang et d'en adoucir l'âcreté; il engraisse; il guérit la pulmonie ou maladie du poumon, quand elle n'est pas trop avancée. Il convient aux personnes épuisées par des hémorragies, surtout aux femmes qui ont souffert des pertes de sang excessives; pulvérisé ou en farine, on peut en faire d'excellentes bouillies avec du lait.

DES RAISINS — CURE OU TRAITEMENT AU MOYEN DE LEUR USAGE

Non seulement le Raisin, cet excellent fruit de la vigne, est délicieux à manger, mais, encore, qui ignore la Cure des raisins? Ses bons effets pour la santé ! Chacun sait que pour suivre ce traitement, il faut, chaque jour, pendant quelque temps, manger une certaine quantité de raisins, bien mûrs.

Ses propriétés : Le raisin est bon pour les maladies d'estomac, du foie, la scrofule, ou les écrouelles, et toutes les maladies lymphatiques dont les conséquences sont des humeurs aqueuses, liquides ou visqueuses, qui se répandent dans le corps et certains vaisseaux ; de là naît des indispositions, des malaises auxquels il est très important de remédier.

DES VERTUS ET PROPRIÉTÉS DES FRAISES

Les Fraises, ces fruits du fraisier, de la famille des rosacées, dont le type est la rose, sont excellemment bonnes à manger. Elles sont rafraîchissantes et susceptibles de lâcher le ventre.

Elles conviennent aux personnes attaquées de la goutte ; celles-ci, en mangeant fréquemment des fraises, obtiendront beaucoup de soulagement et, souvent même, la guérison de cette douloureuse maladie.

Celles atteintes de la pierre ou gravelle, qui est un amas de gravier qui se forme dans les reins et la vessie, en mangeant beaucoup de fraises peuvent calmer leur souffrance et quelquefois même obtenir leur guérison.

On peut aussi, lorsqu'on est attaqué de la goutte

ou atteint de la pierre, suivre, avec avantage, un traitement en faisant une cure soutenue des fruits du fraisier ; par ce moyen, beaucoup de malades ont été ainsi guéris.

DES ŒUFS

Les Œufs fournissent un aliment sain et très nourrissant, surtout lorsqu'ils sont frais ou nouvellement pondus. Les œufs vieillis ou conservés sont susceptibles d'échauffer.

Les œufs dont on a battu les blancs séparément, sans les jaunes, jusqu'à consistance de mousse ferme, étant ainsi, par petites quantités, soit une cuillerée, mise dans du lait sucré suffisamment, qu'on conserve bouillant sur le feu, on laisse cuire peu de temps, après l'avoir ôté on le dépose dans un vase, on renouvelle ainsi l'opération jusqu'à l'épuisement de la mousse des blancs d'œufs. On continue à laisser bouillir le lait dans lequel on verse les jaunes d'œufs qu'on a eu le soin de battre. On les laisse cuire peu de temps, et on verse le tout sur la mousse cuite des blancs d'œufs. Ce qui constitue un aliment très sain, doux, délicat, nourrissant et friand pouvant convenir aux personnes qui ont peu d'appétit, aux malades et aux convalescents.

DU MIEL

Le Miel, substance douce, sucrée, distillée des fleurs par le soin des abeilles, est un aliment excollent ; mangé avec du pain, on pourrait s'en nourrir. On doit le choisir d'un beau blanc, grumeleux. Il doit être préféré au sucre pour sucrer les tisanes.

Le miel possède des propriétés balsamiques susceptibles d'adoucir et de fondre les humeurs ; il est essentiellement laxatif ou relâchant, provoque l'urine ; il est bon au poumon et contre la toux, facilite l'expectoration ou la sortie des crachats ; il convient aux vieillards, aux femmes et aux enfants, en un mot, à tout le monde. Son fréquent usage peut permettre de vivre longtemps. — Les Anachorètes, ces hommes pieux et solitaires, faisaient leur principale nourriture du miel. Ils vivaient très vieux.

MOYENS ASSURÉS POUR SE PRÉSERVER DE TOUTES LES MALADIES ÉPIDÉMIQUES, TELLES QUE : LE CHOLÉRA, LA CHOLÉRINE, LA FIÈVRE TYPHOÏDE, LA VARIOLE OU PETITE VÉROLE ET AUTRES MALADIES PESTILENTIELLES OU CONTAGIEUSES.

Lorsqu'une Épidémie quelconque règne dans un pays, les personnes les plus exposées à en être atteintes, sont d'abord celles qui, par excès de peur, s'y prédisposent, et aussi celles qui ont l'ha-

bitude de faire des excès dans le boire et le manger, ou encore celles qui usent de trop de privations.

Le moyen le plus assuré pour se préserver des
maladies contagieuses, c'est de se maintenir dans
de bonnes conditions hygiéniques, surtout sous le
rapport de l'habitation, qui doit être saine, pro-
prement entretenue, et bien aérée.

Il est aussi important de faire usage d'eau pota-
ble d'une bonne qualité, c'est-à-dire limpide ou
claire, pure et exempte de mauvais goût.

Si l'on veut user de précautions susceptibles de
rassurer le moral, c'est avant de sortir de chez
soi, se gargariser l'intérieur de la bouche avec un
liquide quelconque, soit du vinaigre ordinaire,
d'eaux parfumées : de cologne, de mélisse, de
menthe, de vulnéraire, etc. On peut aussi impré-
gner son mouchoir d'un des liquides dont il vient
d'être parlé (quelques gouttes) et porter sur soi de
l'ail pilé, du camphre, du musc ou d'autres substances odorantes.

Avec ces moyens, en se maintenant dans des
conditions calmes d'esprit, on peut être assuré
d'échapper à l'atteinte de l'épidémie quelle qu'elle
soit.

Une épidémie attaque de préférence les personnes malpropres, celles qui ont le malheur
d'être nées chétives, ou dont les organes sont mal-
sains, ou, encore, celles qui, par excès de misère,
se nourrissent d'aliments de mauvaise qualité ;

celles qui se livront à l'*intempérance*, à l'ivresse,
en buvant des boissons alcooliques : de l'eau-de-
vie, du vin blanc ou d'autres boissons, notamment
de l'absintho, surtout quand tous ces liquides sont
mal préparés; etc., et absorbés en trop grande
quantité. Toutes les causes et les excès signalés
plus haut, sont susceptibles de déterminer chez
les personnes les funestes effets de l'épidémie ou
d'autres maladies pestilentielles, etc.

DE LA MÉDECINE ET DES MÉDECINS

La Médecine est l'art de connaître et de guérir
les maladies qui affligent le corps humain. Lorsque les maladies nous atteignent, elles proviennent, le plus ordinairement de nos fautes, surtout
lorsque nous oublions de suivre les sages lois de
l'Hygiène.

En suivant les conseils de l'hygiène, on peut se
préserver des maladies, et si, extraordinairement
il survient une indisposition, celle-ci est, le plus
ordinairement légère, et, par suite, des plus fa-
ciles à guérir : un peu de repos et de diète doivent suffire.

Au moyen des connaissances de l'Hygiène, et
en les pratiquant, tout être raisonnable, à peu

près bien constitué, devrait être assez sage et réfléchi afin de pouvoir être son propre médecin.

On peut ajouter : que le mal, en général, provient plutôt de notre imprudence et de notre éga-
rement que de toute autre chose.

Soyons sages et réfléchis, si nous voulons éviter
la plupart de nos maux.

Les principaux préceptes, ou moyens à suivre,
pour éviter les maladies, ont été expliqués à l'article Hygiène perfectionné.

LA MÉDECINE JUGÉE PAR LES MÉDECINS

Suivant l'aveu de quelques-uns, ceux-ci ont dit :

Beaucoup de médecins pratiquent la médecine
sans y croire ;

Un médecin vit de ses ordonnances, sans jamais prendre des drogues qu'il ordonne ;

D'autres médecins ont dit, en parlant des maladies :

Le médecin soigne, la nature guérit ;

Le médecin panse, Dieu guérit ;

Dans une maladie compliquée, consultez vingt
médecins, et vous verrez si vous n'aurez pas vingt
consultations différentes, etc.

Il conviendrait, par respect pour la profession,
car il est incontestable que les médecins sont des

hommes de science et de savoir, de résumer ainsi la question :

Il ne faut jamais critiquer la Science, il n'en est pas de même de son application.

Sans tout à fait avoir égard aux jugements qui précèdent, malgré qu'ils émanent de célèbres médecins, il est sage de reconnaître que le médecin, surtout un ancien praticien, mûri par une longue expérience, est un homme très précieux pour un malade, pourvu aussi qu'il n'ordonne pas trop de drogues, notamment celles composées des produits de la chimie. Il doit, assurément, être considéré comme un digne consolateur des familles, et peut être aussi, à juste titre, appelé auprès d'un malade dans des circonstances inquiétantes, surtout, aussi, sans avoir égard, non plus, à cette maxime ou sentence :

Quand la maladie est incurable, les plus grands des médecins sont le sommeil et la mort.

Malgré la critique peu fondée d'un très petit nombre d'écrivains, il est vrai, il faut surtout excepter de toute espèce de critique, le Médecin-chirurgien, dont l'art consiste, le plus ordinairement, à guérir des maux visibles. Ce Docte, ou savant, ayant fait *des études spéciales d'anatomie et de physiologie*, qui lui ont appris à parfaitement connaître toutes les parties du squelette humain, (parties osseuses, charnues et autres dont est composée la structure de notre corps), Sciences exactes et positives qui permettent au médecin·

chirurgien de guérir, en connaissance de cause, la plupart des maux dont nous sommes susceptibles d'être affligés. L'art de la Chirurgie continue, de jour en jour, à faire de signalés progrès. Il n'en est pas de même de la Médecine, dit-on ; celle-ci semble rester stationnaire.

DES PERSONNES ATTEINTES DE MALADIE QUI LES MET EN DANGER DE MORT

Lorsqu'il est reconnu qu'une Personne est atteinte d'une maladie qui la met en danger de mort, ce qui annonce que l'âme est susceptible de quitter le corps prochainement, l'appel du Pasteur du Culte auquel appartient le Moribond, si celui-ci en avait manifesté le désir, devient presque aussi nécessaire que celui du médecin : la mission du Pasteur ayant pour but de porter aux malades des paroles de paix, de consolation et d'espérance, avant que le dernier souffle ait fait sortir l'âme de leurs corps.

A sa sortie du corps, l'âme, principe de l'existence, se trouve enlevée par un air plus pur, que celui qui se trouvait dans le corps, vers les hautes régions de l'inconnu, où il n'est pas permis à notre faible intelligence de pouvoir en pénétrer le mystère...

Et notre corps, une fois dépourvu de son âme, n'est plus qu'une masse impure et corruptible, et, par suite de l'injure du temps, n'est plus aussi que cendre et poussière.

MÉDICATION OU MODE DE TRAITEMENT DES MALADIES

En ce qui concerne la manière de traiter les maladies, il y a un très grand avantage pour le malade d'être traité par le moyen des substances végétales ou des plantes, attendu qu'elles présentent moins d'inconvénients que celles des produits de la Chimie.

Opinion sincère et non intéressée d'un grand nombre de Célébrités, telles que : naturalistes, botanistes, médecins-chirurgiens et autres célébrités médicales ; à cet égard, sur le choix qu'il convient de faire, tous sont de l'avis d'un des plus célèbres naturalistes de l'antiquité (Pline l'Ancien) qui a dit, en parlant des substances végétales :

« Les plantes, ces innocentes productions du règne végétal, dont la nature est si prodigue, et que nous foulons fréquemment sous nos pas, si nous connaissions le prix de beaucoup d'entre elles, nous élèverions leurs vertus jusqu'au Ciel par nos éloges, puisque leurs effets sont le plus ordinairement merveilleux, et sans nulle crainte de risquer notre vie, en les employant soit en infusion, soit en décoction.

Tandis que, de nos jours, la *Chimisterie*, dont l'art est de guérir avec des remèdes chimiques (compositions, extraits et autres produits, le plus ordinairement très énergiques), n'est pas toujours sans danger, lors même que ces produits sont ordonnés par des Doctes habiles. Telle fiole, suivant la formule, ainsi composée, prise par un sujet, atteint d'une maladie quelconque, produit un effet merveilleux, et la même composition ordonnée à un autre malade, atteint de la même maladie que le premier, produit un effet contraire.....

Outre de nombreux et de funestes exemples qui se sont ainsi produits, d'autres provenaient, soit du tempérament du malade, soit de l'erreur de celui qui préparait le remède, ou de la mauvaise qualité des substances, ou encore, d'une substitution d'un produit pour en remplacer un autre, etc.

Enfin, il y a lieu de réfléchir lorsqu'il s'agit de faire usage d'une composition chimique quelconque, eu égard aux conséquences que nous venons de signaler, tandis qu'en faisant usage des substances végétales, on est exempt de toute espèce d'inquiétude. Or donc la préférence ne peut être douteuse.

Avant que la Science de la Chimie eût atteint le perfectionnement actuel, on ne faisait usage, pour la guérison des maladies de nos aïeux, que de substances végétales ou plantes. Malgré que le régime hygiénique, cette principale médication, était bien moins suivi qu'aujourd'hui, en consultant les tables de la mortalité de ce temps-là, on y voit plus de vieillards que de nos jours.

En ce qui concerne les substitutions, mieux, les erreurs qui peuvent se produire (ce dont nous avons parlé plus haut), il n'est pas sans importance, de rappeler les faits qui vont suivre :

Le *Petit Journal* dans son numéro du 27 août 1885, à l'article : Paris, signale une malheureuse erreur qui aurait été commise par un Élève en pharmacie ; l'article est ainsi conçu :

Nous avons raconté, le 22 juillet dernier, la fatale erreur commise, à l'hôpital Saint-Louis, par un élève en pharmacie : au lieu d'eau-de-vie allemande, purgatif prescrit par le médecin en chef au malade, il fit donner à celui-ci, par une sœur de service, des gouttes noires de Baumé, poison des plus violents ; un autre malade, ayant demandé du même purgatif, et la sœur lui en ayant fait prendre, les deux malades mouraient empoisonnés au bout d'un quart d'heure.

L'interne, auteur involontaire de ce terrible accident, vient de comparaître devant la 8e chambre correctionnelle, qui l'a condamné à trois mois de prison et cinquante francs d'amende.

DE LA NÉCESSITÉ QU'IL Y AURAIT DE FACILITER L'INS-
TALLATION, DANS TOUTES LES COMMUNES DE
FRANCE, LA OU IL N'Y A NI MÉDECIN, NI PHARMA-
CIEN, D'INTERMÉDIAIRES, QUI POSSÉDERAIENT DES
CONNAISSANCES MOINS ÉTENDUES QUE CELLES
EXIGÉES DES PHARMACIENS ; ALORS, ILS REMPLA-
CERAIENT LES ANCIENS APOTHICAIRES-ÉPICIERS,
DROGUISTES ET MARCHANDS DE PLANTES D'AU-
TREFOIS, OU, A DÉFAUT, L'ÉTABLISSEMENT D'HER-
BORISTES POURVUS DE CONNAISSANCES PLUS
ÉTENDUES QUE CELLES DONT LE SONT LA MAJEURE
PARTIE DES HERBORISTES QUI, JUSQU'A CE JOUR,
ONT ÉTÉ REÇUS PAR LES ÉCOLES DE PHARMACIE.

En présence du manque de médecins et de pharmaciens dans la majeure partie des communes de
France, le service de santé est loin de répondre
aux besoins des populations. N'y aurait-il pas lieu
d'y remédier? C'est à l'autorité compétente qu'appartient sans parti pris le droit de décider la question.

Nous ne pouvons que signaler les faits.

On ne trouve, le plus ordinairement, des Docteurs en médecine, des Officiers de santé, des Pharmaciens et des Herboristes, que dans les Villes,
Bourgs, ou les endroits populeux; sauf quelques
rares exceptions, on n'en trouve même pas dans

les communes d'une certaine importance. On y rencontre quelquefois des Officiers de santé, rarement des Docteurs en médecine, ceux-ci dédaignant de se fixer dans les campagnes. Les Herboristes aussi y sont rares.

Pour pourvoir à ces graves inconvénients, ne pourrait-on pas faciliter dans les campagnes l'installation d'intermédiaires qui seraient appelés à remplacer les Apothicaires-Épiciers, Droguistes et marchands de plantes qui fonctionnaient avant, et même par tolérance, après l'arrêté du règlement du Parlement de Paris, du 23 juillet 1748, et notamment l'Extrait de la déclaration de Louis XVI, du 25 avril 1777, portant règlement sur les professions de la Pharmacie et de l'Épicerie, à Paris, (art. 5), et réglementé au Parlement le 13 mai suivant, en autorisant l'établissement de candidats qui, à la suite d'un simple examen, auraient fait preuve de la connaissance des principales drogues simples, et aussi des plantes les plus usitées, c'est-à-dire des substances médicales dont on peut faire usage sans danger pour la santé publique.

Dans les communes peu populeuses, où il n'y a ni médecin, ni pharmacien, ni herboriste, ne pourrait-on pas autoriser les épiciers, ou un de ceux-ci, spécialement désigné par l'autorité compétente, à vendre des plantes, aussi celles non susceptibles d'être nuisibles à la santé?

Pour donner aux populations toutes les garanties désirables, on pourrait exiger des vendeurs l'obligation de se fournir, soit chez le pharmacien-herboriste le plus proche de la commune où ils habiteraient, ou à l'endroit que l'autorité compétente désignerait, et non ailleurs.

Dans ces conditions-là, les paquets ou autres devraient être cachetés et revêtus d'une étiquette donnant le nom du Pharmacien et celui de la Substance qui y serait renfermée, ainsi que l'indication des principales propriétés de celle-ci, avec défense expresse, sous une peine quelconque, de ne pouvoir vendre ou débiter aucune substance médicamenteuse autrement, sauf les herboristes, reçus aux Ecoles de Pharmacie, dont les droits seraient maintenus, conformément à l'autorisation que la Loi leur confère.

Nota. — Par application du vœu qui vient d'être émis, ne pourrait-on pas enseigner dans toutes les écoles publiques, la connaissance des plantes médicinales les plus utiles pour la conservation de notre santé ou la guérison de nos maladies simples, soit le nom et la propriété de celles susceptibles d'être employées le plus fréquemment en médecine. Ce qui permettrait à chacun de connaître la plante, qui pourrait convenir pour prévenir ou pour guérir les maladies dont on est le plus ordinairement affligé.

Cet enseignement serait des plus utiles, sinon indispensable.

Pour parvenir au but proposé, il conviendrait

d'éviter d'enseigner les détails scientifiques se rattachant à la description de chaque plante médicinale.

Il suffirait aussi de faire connaître spécialement en français le nom de la plante et ses propriétés.

AVIS IMPORTANT CONCERNANT LA VALEUR DES REMÈDES OU SUBSTANCES INDIQUÉES DANS LE DICTIONNAIRE DES MALADIES SIMPLES QUI VA SUIVRE.

La Science moderne, concernant l'art de guérir les maladies dont nous sommes le plus ordi naire ment affligés, a, non seulement compliqué les noms de celles-ci, en les rendant souvent incompréhensibles aux personnes pourvues d'une certaine instruction, mais elle a aussi changé le système de médication.

Autrefois les médecins expliquaient en termes simples aux malades, ou aux personnes qui s'intéressaient à eux, le nom ou le siège de la maladie. Il n'en est plus de même aujourd'hui, puisqu'on ne dénomme plus les maladies qu'en termes scientifiques très compliqués.

En ce qui concerne le mode de traitement, comme nous avons déjà eu occasion de le dire plusieurs fois, les médecins d'alors prescrivaient à leurs malades presque exclusivement l'usage des modestes substances végétales ou plantes, qui coûtaient si peu, pour guérir leurs maladies, remèdes qui, généralement, réussissaient assez bien, mais depuis plus d'un demi-siècle, nos Docteurs modernes ont, de plus en plus, ordonné des substances chimiques, qui coûtent fort cher ; par suite, obtiennent-ils des cures plus satisfaisantes ? Il ne nous appartient pas de l'apprécier.

Il y a plus d'un siècle que les hautes sommités médicales ordonnaient, pour guérir les maladies, les substances végétales ou plantes indiquées dans le Dictionnaire dont il s'agit, remèdes qui étaient ordonnés, non seulement à tout le monde, mais encore aux têtes couronnées d'alors, et à toutes les notabilités de ce temps-là.

Nous croyons devoir faire remarquer que le mode ou manière de guérir, dont nous venons de parler, malgré que les remèdes aient été prescrits par les plus illustres médecins-professeurs de la faculté de l'époque, ainsi que par les savants les plus renommés du même temps, que maintenant, par application de la science moderne, ils sont souvent qualifiés de *remèdes dits de bonne femme.*

Toutefois, nous ne cesserons de le répéter à tout le monde, qu'avant de faire usage des substances végétales ou autres pour remèdes, que si l'on en ignore les vertus ou propriétés, qu'on doit toujours avoir le soin, avant de s'en servir, de demander quelques explications à cet égard, au Pharmacien-Herboriste ; celui-ci qui connaît parfaitement la vertu ainsi que les usages des plantes et des autres ingrédients dénommés dans le Dictionnaire, ne pourra que donner de bons et salutaires conseils, soit sur la qualité, la quantité et le mode d'emploi de la substance qu'il fournira.

Il demeure bien entendu que les noms des maladies signalées dans le susdit Dictionnaire, ont été soigneusement expliqués, afin que chacun puisse parfaitement bien les comprendre.

REMARQUE IMPORTANTE CONCERNANT LE MOYEN DE CONNAITRE LES PLANTES

Presque toutes les plantes dont il est parlé dans le Dictionnaire qui va suivre, sont cultivées dans les Jardins botaniques publics des grandes villes. Il est fâcheux que le nom de chaque plante ne soit pas toujours étiqueté en français, puisque, le plus ordinairement, l'étiquette qui est placée en regard de chacune d'elles est écrite en latin.

Cependant, nous devons signaler qu'à Paris on trouve, au Jardin des plantes, à l'entrée de celui-ci, par la grille qui fait face au pont d'Austerlitz, une partie de terrain, où l'on voit, sur un écriteau, que les plantes qui y sont cultivées sont pour l'instruction du public. Là, le nom de chaque plante porte sur l'étiquette, placée en regard de celle-ci, son nom en français.

Puisqu'il s'agit de l'intérêt public, toutes les plantes médicinales des Jardins où tout le monde est admis à les voir, devraient être étiquetées en

Français ; on pourrait aussi inscrire le nom latin en regard. Nous nous dispensons de tout commentaire à cet égard.

DICTIONNAIRE DES MALADIES SIMPLES, DONT LE NOM DE CHACUNE D'ELLES EST EXPLIQUÉ EN TERMES COMPRÉHENSIBLES, AVEC L'INDICATION DES SUBSTANCES VÉGÉTALES OU PLANTES QUI PEUVENT LES GUÉRIR.

A

Accouchement ou Enfantement laborieux ;
Pour le faciliter : seigle ergoté (substance dangereuse), n'en faire usage qu'après l'avis du médecin ou du pharmacien ; vanille ; Dictame de Crète.

Amour (réunion des deux sexes) ;
Pour le modérer : manger beaucoup de laitues, et de la graine ; tisane d'écorces d'oranges amères ;
Pour l'exciter : poireaux, notamment la graine, tisane de : menthe frisée ou crêpue ; de chardon roland ou chardon à cent têtes ; sariette ; amandes de cacao ; manger des asperges ; du gingembre ;

Nota.—Les substances végétales ou plantes destinées à guérir les maladies dont on est atteint, forment, après *le nom expliqué* de chaque maladie, une série de plantes différentes, à la suite l'une de l'autre, et ayant à peu près les mêmes propriétés, ce qui permet de pouvoir choisir la plante qu'on préfère, ou qu'on peut se procurer plus facilement.

En ce qui concerne les quantités ou doses nécessaires de plantes pour faire les tisanes, soit : sommités, feuilles, fleurs, de la roquette crue ; des truffes ; boire du vin dans lequel on aura mis le haut de la racine pilée du glaïeul ou iris puant ; porter du musc sur soi.

Abus ou *Épuisement*; Tisane de : feuilles de noyer ; petit poivre, ou poivre sauvage ; nénuphar, en petite quantité.

Amygdales (petites glandes placées aux deux côtés de la gorge), — leur inflammation ou engorgement. — Même traitement que pour l'angine.

Anémie ou *Chlorose* (manque de sang, teint pâle) ; mettre des clous ou des petits morceaux de fer dans de l'eau pour les faire rouiller, — boire cette eau mêlée à la boisson ; eaux minérales ferrugineuses ou contenant du fer ; on peut aussi infuser à froid dans sa boisson de la racine de gentiane ; bonne et substantielle nourriture ; exercices au grand air ; gaieté et beaucoup de distraction.

Angine ou *Esquinancie* (inflammation violente de la gorge) ; infusion de fleurs ou de feuilles de ronce avec addition de miel pour gargarisme : tisane d'orge perlée miellée.

Aphtes (petits ulcères ou boutons dans la bou-

graines, racines, écorces ou autres, etc., on devra en faire la demande aux Pharmaciens ou Herboristes, ceux-ci ne refuseront pas de fournir ces indications ; autrement, il serait difficile de les indiquer ici, attendu que ces quantités ou doses doivent être subordonnées à l'âge, au tempérament ou à l'état de santé du malade.

che, aux gencives); — même médication que pour les amygdales ou l'angine.

Apoplexie (maladie du cerveau avec privation du mouvement et du sentiment); tisane de: caille-lait blanc; sauge; lavande; thé; eau de mélisse; mâcher de la graine de moutarde écrasée, mise dans un linge; *maintenir la tête et le buste élevés du malade.*

Appétit (besoin de manger); pour le rétablir: avaler 3 ou 4 grains de poivre avant et après le repas; tisane de: souci des vignes; fleurs de genêt; céleri, et en manger; racine de bardane glou-teron, herbe au teigneux; mêler à sa boisson de l'eau de gentiane; manger de la racine de raifort.

Nota. — Les racines apéritives sont au nombre de cinq; ce sont celles: d'ache, persil, fenouil, petit-houx et d'asperge.

Asphyxie (mort apparente); tisane de: menthe; de lavande. Exposer le malade au grand air, frictions sur le corps au moyen d'une brosse. Les soins d'un médecin sont indispensables.
Asthme (courte haleine ou respiration pénible; tisane: de mélisse, et la racine; de menthe frisée); d'Aunée ou Enula Campana.

Avortement ou accouchement avant terme. — Pour le prévenir: sirop de graine d'écarlate;

Nota. — Se méfier, c'est-à-dire ne pas faire l'emploi coupable de la sabine ou savinier ; celle-ci, loin de prévenir l'avortement, peut le déterminer et occasionner la mort.

B

Bégaiement (difficultés de parler) ; tisane de lavande en épi.

Bronchite (maladie des bronches ou vaisseaux de la trachée artère du poumon qui reçoivent l'air) ; tisane : coquelicot ou pavot des moissons ; aunée ; mauve ; bourgeons de sapin ; tisanes pectorales.

Brûlure (action du feu) : introduire, si cela est possible, la partie brûlée dans de l'huile d'olives, ou appliquer des compresses d'huile sur celle-ci ; ou pommes de terre rapées ; racine fraîche de fougère ; oignon écrasé avec peu de sel.

C

Cancer (tumeur maligne qui ronge et produit un ulcère) application des feuilles de concombres pilées sur la plaie ; aussi : la plante pilée d'Erysimum vélar ; feuilles de bardane ; de véronique mâle ou thé d'Europe, la plante entière ; li-

Les tisanes de feuilles, fleurs, sommités, se font par infusion ; les racines, écorces, graines, fruits, etc., doivent bouillir dans le liquide ou subir une décoction.

naire ou lin sauvage ; houblon (voir spécialistes à
Paris, ceux qui guérissent sans opération.)

Catarrhe (amas d'humeurs, gros rhume négligé) ;
tisane : de serpolet ou thym bâtard ; Eupatoire
d'Avicenne ; coquelicot.

Cauchemar (oppression pendant qu'on dort, pe-
santeur sur l'estomac) : tisane de gui de chêne ;
manger : des semences d'anis avec du sucre ; des
bonbons anisés.

Cerveau (le cerveau a pour base une substance
molle, blanchâtre dans la tête, d'où provient notre
esprit et notre jugement) ; pour le fortifier : tisane
de : serpolet ; de menthe et en respirer l'odeur.

Chassie (humeur des paupières) ; bassiner les
yeux avec une forte infusion d'argentine ; de menthe pouliot ; mâcher du serpolet ou thym bâtard.

Chute (tomber) ; tisane de : benoîte ; de tanaisie
vulgaire ; arnica ; racine de fougère ; racine de garance cuite dans de la bière. (Voir *Coup.*)

Cœur (organe creux et charnu, où a lieu le mouvement du sang) ; pour le fortifier : prendre du jus
de citron ou limon ; d'oranges douces et en manger ; bigarrades et de l'eau de ces fruits ; tisanes
de : fleurs de violettes odorantes, et du sirop ;
fleurs de safran ; fleurs de souci officinal ; basilic ;
buglose ; petit muguet de mai, et en sentir ; alle-
luia ou pain de coucou.

Coliques (douleurs vives dans le bas ventre, les intestins où les boyaux) ; tisane de : fleurs et feuilles de marjolaine ; cannelle ; toutes les menthes ; camomille ; huile d'amandes douces, frictions sur le ventre avec flanelle chaude.

Contusions (meurtrissures) ; bassiner la place avec de l'eau de chélidoine (infusion) ; cochléaria, les feuilles pilées, arrosées avec de l'eau-de-vie appliquées sur les blessures ; aussi, des feuilles de plantain ; de bardane glouteron ; arnica.

Convulsions (mouvement violent des membres, contraction des nerfs) ; tisane de : valériane ; angélique ; baies ou fruits de laurier sauce ; clous de girofle.

Cors aux pieds (callosités, durillons) ; pour les enlever : onguent composé d'ail pilé avec de l'huile d'olive ; application de renoncules ou bassinet pilées sur les cors ; aussi des feuilles de joubarbe ; de lierre grimpant, les feuilles, après les avoir laissées séjourner dans de fort vinaigre.

Coryza (rhume de cerveau) ; recevoir la vapeur des fleurs de sureau infusées, très chaud ; aspirer fortement par le nez de l'huile à brûler ; frictionner le nez avec de la pommade camphrée.

Coup (se blesser en tombant ou recevoir un coup sur une partie quelconque du corps, même la tête ou ailleurs, pouvant produire une lésion dangereuse sur les organes intérieurs). Dissoudre environ le contenu d'un petit verre de fiente blanche de poule dans un verre de vin blanc, boire cette dose, le matin, pendant trois jours de suite, cela peut suffire pour éviter de mauvaises suites (remède éprouvé).

On peut aussi prendre en tisane des fleurs de pâquerettes ou petites marguerites infusées dans de l'eau, un verre tous les matins pendant une quinzaine de jours.

Coupures (blessures faites en coupant); application de millefleurs, millefeuilles, ou herbe aux charpentiers; d'orpin ou joubarbe des vignes, sur les coupures; baume du commandeur, chez le pharmacien.

Cours de ventre (diarrhée ou dévoiement); tisane de: pulmonaire de chêne; semence de patience; noix muscade concassée; scolopendre ou langue de cerf; piloselle, ou oreille de souris; molène ou bouillon blanc; grande consoude; racine de quintefeuille.

Crachement de sang (rejeter du sang de la bouche); tisane de: sauge avec miel; racine de benoîte; scolopendre; aigremoine; argentine; racine de quintefeuille; sommités de fleurs de buglose ou petite consoude; racine de grande centaurée.

D

Dartres et *Eczéma* (maladie de peau, avec pellicules ou inflammation); les laver ou bassiner avec décoction de racine d'ellébore noir; tisane de: racine de patience; fleurs de houblon; fumeterre ou fiel de terre; saponaire ou savonnière; patience ou parelle; beccabunga; pensées sauvages; houblon.

Dents (petits os servant à manger); pour guérir leurs maux); gargariser la bouche avec décoction de herniaire turquette; feuilles et fleurs de romarin; mâcher des clous de girofle, ce qui fait cracher.

Descente (hernie ou effort); tisane : d'alchimie ou pied de lion; de pyrole; de renouée ou traînasse; de racine de fougère mâle; de racine de grande consoude.

Diabète (fréquence ou flux involontaire d'urine sucrée, avec consomption et dessèchement du corps); *éviter : l'usage du sucre*; d'aliments sucrés; de substances féculentes; boire de bon vin vieux; mâcher du cresson de fontaine ; surtout éviter les excès; beaucoup de distraction, sans fatigue.

Digestion (décomposition des aliments dans l'estomac); pour la faciliter; tisane de: racine d'aunée ; feuilles et fleurs de rue en petite quantité ; café léger ; véronique mâle ou thé d'Europe ; thé de Chine.

Dysenterie (diarrhée avec douleurs d'entrailles) ; (voir *Cours de ventre*) ; tisane de : tabouret ou bourse à pasteur ; numulaire ou herbe aux écus ; grand plantain ; racine de benoîte ; racine de quintefeuille.

E

Ecrouelles ou *Scrofules* (maladies des glandes du cou) ; tisane de : feuilles et fleurs de romarin ; petit scrofulaire ; ortie morte ou ortie blanche ; fumeterre ; feuilles de noyer ; saponaire ; manger : beaucoup de fraises ; des raisins.

Enchiffrènement (embarras dans le nez) : tisane de : marjolaine ; graine de nielle.

Engelures (inflammation aux pieds et aux mains) ; frotter les parties atteintes ou ulcérées avec décoction de jusquiame ; aussi avec dissolution de gomme de benjoin ; également avec des figues rôties, mises en poudre, et incorporées avec du miel.

Enrouement (avoir la voix rauque) ; tisane de : érysimum vélar ou herbe au chantre ; calament des montagnes ; avoine en gruau ou mondée ;

fleurs de benjoin avec cannelle; gelée de pommes
de rainette.

Entorse ou *foulure* (relâchement violent ou ex-
tension des muscles, des nerfs); mettre aussitôt
la partie affligée ou malade dans l'eau fraîche,
soit de puits, de fontaine ou de pompe, la laisser
environ 15 minutes.

En ne faisant pas ce remède sur le champ, il ne
serait plus temps, parce qu'il pourrait se produire
des accidents fâcheux, à défaut: toucher la partie
malade en promenant, à différentes reprises, les
doigts de la main, à partir de l'endroit où se trouvent les nerfs de la partie blessée (de haut en
bas), afin de tâcher de parvenir à agir sur les nerfs;
frictionner la même partie avec une brosse douce;
application ou cataplasme de plantes émollientes:
guimauve; mauve à feuilles rondes; molène ou
bouillon blanc; aigremoine mêlée au son dans de
la lie de vin; farine de lin; eau blanche ou extrait
de saturne; bain du membre blessé dans du sang
chaud de bœuf ou de vache. On peut aussi s'adresser à un spécialiste.

Epilepsie (mal caduc, haut mal); tisane de : racine de valériane; d'angélique sauvage; de fili-
pendule; mélisse; eau de mélisse en liqueur; tilleul avec feuilles d'oranger, en tisane.

Epuisement (abus du sexe); une ou deux cuillerées d'eau de noix avec du sucre le matin et le soir en se couchant.

Erysipèle (tumeur superficielle, inflammation sur la peau, avec chaleur âcre et brûlante); tisane de : fleurs de sureau infusées à froid dans du lait pendant quelques heures; racine de patience; fleurs de molène ou bouillon blanc; serpolet ou thym bâtard; linaire; infusion de feuilles de framboisier dans décoction d'orge; de fleurs de reine des prés.

Estomac malade (partie du corps qui reçoit et digère les aliments, ce qu'on mange); tisane de : baies ou fruits de laurier sauce; origan ou marjolaine; sommités d'absinthe; menthe ou baume coq; santoline ou aurône; semences d'ammi; semences d'aneth.

Extinction de voix (difficulté extrême qu'on éprouve en parlant pour se faire entendre); manger, en salade, des feuilles d'ache ou céleri avec de bonne huile d'olives (peu de vinaigre); tisane de : une pincée de safran bouilli dans un quart de litre de bon lait; poireaux; navets.

F

Fièvre (circulation accélérée ou vitesse du sang avec répétition fréquente de battements du pouls):

Continuée; tisane de : laitue; nénuphar ou lis des étangs; casse du levant; bouillon d'oseille. — *Inter-mittente* (cessant et revenant par intervalle); tisane de : feuilles de capillaire de Montpellier; chicorée sauvage; pissenlit ou dent de lion; racine de méum; racine et graines de fenouil; racine et feuilles d'ache. — *Quarte* (se produisant tous les 3 ou 4 jours); tisane de : petite centaurée; quin-quina; feuilles et racine de gentiane; racine et graines de fenouil.

Fistule (ulcère dont l'entrée est étroite et le fond large); a lieu, le plus ordinairement à l'anus, à l'œil, quelquefois à la face (voir spécialistes, qui guérissent sans opération).

Fleurs blanches ou *Leuchorrée* (écoulements ou règles des femmes, en blanc); tisane de : menthe crépue; menthe poivrée; menthe frisée; pouliot ou pouliot couronné; sommités de romarin; or-vale ou toute bonne; trèfle, dont les feuilles ont des taches blanches; graine d'ammi; numulaire; fleurs et feuilles de bugle; alchimiste ou pied de lion; pervenche; millefeuille; ortie morte; séne-çon; fruits de l'églantier.

Flux de sang (écoulement extraordinaire du sang par l'anus); tisane de : feuilles et graines d'argentine; sanicle; racine de quintefeuille; ra-cine de fraisier; racine de tormentille; racine de mille-feuille ; gelée de coings ; grand plantain ; suc de menthe avec un peu de vinaigre.

Fluxion de poitrine — (inflammation du poumon) — Pneumonie. (La poitrine est une partie du corps qui renferme les poumons et le cœur, et qui s'étend depuis le bas du cou jusqu'au ventre) ; tisane de : fruits de sebeste avec manne et casse ; quatre fruits pectoraux ; chicorée sauvage ; véronique mâle ; bourrache ; garder le lit et se faire suer.

Foie (organe ou viscère séparant la bile du sang) ; pour combattre ses maladies ; tisane de : chicorée sauvage ; absinthe ; petite centaurée ; germandrée ou petit chêne ; aigremoine ; houblon ; cerfeuil ; cochléaria ; racine, bois et écorce de tamarin ; racine et écorce de caprier ; bois et écorce de frêne dans du vin ; application de croissette sur la région du foie.

G

Gale (maladie de peau avec de petits boutons renfermant de l'humeur ou pus, causant de cuisantes démangeaisons, et susceptible de se gagner ou communiquer aux personnes à qui l'on touche) ; frictionner les parties affligées avec du savon noir, aussi avec du saindoux dans lequel on aura mêlé du cresson de fontaine qu'on fricassera

ensemble ; application de feuilles de bette ou
poirée ; bassiner avec décoction de saponaire ;
tisane de : racine de seau de Salomon. Pommade
spéciale vendue chez les pharmaciens.

Gangrène (chairs corrompues ou décomposition
d'une plaie, d'un ulcère) ; bassiner la plaie avec de
l'eau-de-vie camphrée ; fleurs de romarin infusées
à froid dans l'alcool ; coaltar saponiné, chez les
pharmaciens.

Gonorrhée (flux involontaire de sperme ou
semence humaine) ; tisane de chénevis ; injections
de : décoction : d'aigremoine ; cynoglose ou langue
de chien ; eau de plantain ; pépins du fruit de
grenadier.

Gorge (gosier où passe le manger). — Guérir
ses maux : feuilles et racine de bugrane ou arrête
bœuf, pour gargarisme ; plus, verveine ; aigremoine ; quintefeuilles ; ortie ; feuilles de ronce,
aussi pour gargarisme ; tisane de : orge perlée
avec miel ; aigremoine ; manger de la gelée de
pommes de reinette.

Goutte (maladie douloureuse qui se produit en
attaquant les articulations, les nerfs et les jointures) ; tisane de : lierre terrestre ; matricaire ;
marrube avec bétoine ; chicorée sauvage ; bardane ; fleurs de genêts mêlées avec menthe et

sarriette ; baies de genévrier ; caille-lait ; germandrée ; camomille ; yvette ; salade de mâches ; manger beaucoup de fraises ; cataplasmes de : grande consoude ; milleportuis ; feuilles d'ortie

Gravelle (calculs ou petites pierres dans les reins, et graviers dans la vessie) ; tisane de : racine de pissenlit ou dent de lion ; alkekenge ou coqueret, infusé à froid dans du vin ; thé ; ail ; véronique mâle ou thé d'Europe ; verge d'or ; pimprenelle ; pariétaire ; racine de petit houx ; racine de bardane ; manger des artichauds ; des cardons ; des fraises ; du radis gris (remède éprouvé). Il a guéri le maréchal Bugeaud, duc d'Isly) ; boire du cidre, bonne qualité.

H

Haleine mauvaise (souffle et respiration accompagnés d'odeur fétide) ; mâcher : des grains d'anis ; de coriandre ; pastilles de menthe poivrée ; ambrette ou graine de musc ; faire usage de cachou.

Hémorragie (abondante perte de sang) ; tisane de : sanicle ; alchimille pied de lion ; millefeuille ; quintefeuille et ses racines ; racine de géranium ou bec de grue ; pimprenelle ; racine de fraisier ; argentine, toute la plante ; racine de grande consoude. Manger du riz.

Hémorroïdes (pertes de sang par l'anus ou le fondement) ; cataplasmes de : véronique infusée ; fleurs de camomille ; morelle noire pilée ; cataplasme et *tisane* de molène ou bouillon blanc ; bassiner avec décoction de racine de scrofulaire ; appliquer de l'onguent populeum ; aussi onguent composé avec joubarde et beurre frais.

Hoquet (mouvement convulsif bruyant et incommode de l'estomac) ; tisane de : semences d'aneth ; de menthe ; boire lentement un liquide quelconque en élevant perpendiculairement les bras, on a vu ainsi des personnes s'en débarrasser.

Hydropisie (enflure du corps, notamment du ventre, causée par l'épanchement des eaux) ; tisane de : bois de jeunes branches de tilleul ; mou ron ; absinthe ; tanaisie ; caroline ou mousse marine ; germandrée ou petit chêne ; argentine ; pâquerette ou petite marguerite : véronique mâle ou thé d'Europe ; yvette chamœpythis ; racine dé raifort ou cran de Bretagne, infusée dans du vin blanc ; aunée.

Hystérie (tristesse, inquiétudes sur sa santé, manie, désirs bizarres, affections vaporeuses de la matrice), tisane de : infusion de millepertuis ; sommités d'armoise ; racine et feuilles de passerage ; cresson de fontaine ; capillaire de Montpellier ; tilleul et feuilles d'oranger ; véronique mâle ou thé d'Europe ; exercice en plein air, fréquentes promenades ; plaisirs, joie ou gaieté. On pourrait essayer l'électricité.

I

Indigestion (manger mal digéré dans l'estomac). — Pour faciliter ou combattre l'indigestion ; tisane de : racines d'aunée ; véronique mâle ; fleurs de tilleul avec feuilles d'oranger ; camomille ; côtes et feuilles d'angélique ; thé : graines de senevé ou moutarde ; manger : quelques fruits du génévrier ; deux ou trois grains de poivre concassés.

Inflammation intérieure (ardeur aux parties échauffées du corps) ; tisane de : fleurs de mélilot et de camomille mélangées ; argentine ; molène ou bouillon blanc ; feuilles et graines de tabouret óu bourse à pasteur.

Insomnie (privation de sommeil) ; manger peu avant de se coucher — en se couchant prendre un peu d'eau sucrée additionnée d'eau de fleurs d'oranger ; tisane . d'aneth ; de feuilles de saule blanc.

J

Jaunisse ou *Ictère* (maladie causée par la bile par suite de fortes émotions ou chagrin) ; tisane de : capillaire de Montpellier : fleurs de souci ; sommités de cataire on herbe au chat, additionné de miel; scordium ou germandrée d'eau ; tanaisie; chicorée sauvage; racine et feuilles de chardon roland ou à cent têtes; semence de navet ; aunée ou enula campana ; infusion de lentilles d'eau dans du vin blanc; pulmonaire de chêne bouillie dans de la bière.

L

Lait des femmes (liqueur blanche des seins); pour le dissiper ou le faire passer : application de feuilles de persil broyées sur les seins ; d'airelle ou moret, raisin des bois, les grains avec sel ; cataplasmes de : châtaignes broyées avec vinaigre, ajouter de la farine d'orge ; farine de seigle avec miel et jaune d'œuf ; tisane de menthe poivrée ; de canne de Provence. — Pour faire revenir le lait ; manger beaucoup de laitue ; tisane de : fenouil doux ; d'aneth ; pois chiches ; eau de noix sucrée ; cataplasmes : d'épinard sur les seins ; de pervenche ; feuilles et racines de fenouil bouillies dans de l'eau d'orge.

Lèpre (ladrerie, gale sur tout le corps par la décomposition du sang) ; tisane de : véronique mâle ou thé d'Europe ; scabieuse ; saponaire ou savonnière ; bardane glouteron, herbe aux teigneux.

Lèvres (bords ou parties extérieures de la bouche); Gerçures ou boutons dits de fièvre qui y viennent. Pour les guérir: miel rosat; crème; pommade de concombres, ces trois ingrédients mis séparément sur les parties malades; passer la langue avec salive, à jeun, sur les parties affligées.

Loupes (tumeurs ou excroissances sur la tête): cataplasmes: d'ortie; ciguë; racine de brione ou couleuvrée; sabine; angélique sauvage. Des spécialistes guérissent ou font disparaître les loupes sans opération.

Luette (morceau de chair à l'entrée de la gorge); son relâchement, y remédier: gargarisme avec décoction de sariette; aussi avec violette de mer; eau de pariétaire; la toucher avec du poivre en poudre.

M

Manie (passion excessive, caprices susceptibles de dégénérer en folie); tisane de: mouron; feuilles de mélisse; sommités de millepertuis; eau de mélisse distillée; ellébore, n'employer cette substance qu'après l'avis du médecin ou du pharmacien.

Mélancolie (tristesse); tisane de: feuilles et fleurs de romarin; millepertuis; mélisse; lavande ou stœchas; fleurs de houblon; fumeterre ou fiel de terre.

Mémoire (faculté de se souvenir); pour la fortifier: tisane de : fleurs et feuilles de romarin; véronique mâle ou thé d'Europe; café, modérément; thé de Chine (peu), la véronique mâle le remplace avantageusement ; marum vrai.

Migraine (maux de tête fatigants); tisane de: coucou ou primevère ; fleurs et feuilles de serpolet ou thym bâtard ; sommités de lavande spic; aussi, l'huile essentielle de cette lavande, en prendre 4 ou 5 gouttes dans une cuillerée de vin à jeun ; cataplasmes de : verveine pilée appliquée sur le front; roses rouges de Provins, bouillies dans du vin appliquées sur les parties douloureuses de la tête ; aussi de laitue ; manger du pain de seigle. Bains de pieds sinapisés.

N

Nerfs (organes des sensations renfermés dans les chairs); pour les calmer: tisane de feuilles d'oranger avec fleurs de tilleul; mélisse ; thym; racine de valériane (peu) ; porter sur soi de cette racine pour en respirer l'odeur ; eau de mélisse en liqueur avec deux gouttes d'éther dans un verre d'eau, sucrer, en boire. On pourrait aussi avoir recours à l'électricité. Il a été reconnu que ce moyen était susceptible de produire d'excellents effets sur le système nerveux, et même la guérison.

Nez (le nez perçoit les odeurs et aide à la respiration); pour en ôter la rougeur: prenez 70 grammes d'eau distillée dans laquelle vous mettrez 4 grammes d'alun de Rome pulvérisé et 3 grammes de benjoin, mélanger le tout. Pour l'usage verser un peu de ce mélange dans petite quantité d'eau tiède, en bassiner le nez.

Nouure ou *Noué* (enfant qui ne peut grandir facilement); tisane de : feuilles de fougère fleurie ou osmonde ; racine de cette même fougère ; rhubarbe ; manger de jeunes asperges cuites avec du sucre ; coucher l'enfant sur un matelas de feuilles de fougère.

O

Obstructions (engorgement ou embarras dans le bas ventre, soit du foie, de la rate ou de la vessie); tisane de: mouron ; hysope ; absinthe ; menthe ; fumeterre ; chicorée sauvage ; endive ou scariole ; verge d'or ; véronique mâle ou thé d'Europe ; persicaire ou plantain rosat ; eupatoire d'Avicennes à feuilles de chanvre ; racine de fougère mâle.

Odorat perdu (ne plus sentir les odeurs). — Pour le rétablir : extrait de patience rouge mis dans le nez.

Oreilles (organes pour entendre) ; — leurs bruits ou sifflements. — Pour les enlever ou les faire disparaître : recevoir le parfum de l'asarum ou cabaret dans les oreilles ; introduire de l'huile d'amandes amères, mais en petite quantité, dans les oreilles ; petit tampon de feuilles pilées de matricaire ; aussi du suc de bétoine. La vapeur de la décoction de sariette reçue dans l'oreille, par un entonnoir, dissipe les bourdonnements.

Nota.—Eviter de claquer, gifler ou frapper les enfants sur les oreilles, de les leur tirer, ce qui serait susceptible de provoquer des bruits dans les oreilles ou pourrait déterminer la surdité.

P

Pâles couleurs ou *Chlorose* (pâleur du visage) (voir aussi anémie); tisane de : pouliot (plante entière) bouilli dans du vin blanc ; tisane de : gentisane ; eupatoire mêlée avec fumeterre ; cerfeuil ; souci officinal ; racine de petit houx ou fragon épineux ; manger quelques graines de moutarde concassées.

Palpitations de cœur (le cœur, cet organe a été expliqué à *cœur*); pour tisane: feuilles sèches de scolopendre; mélisse; eau de mélisse en liqueur; feuilles d'agripaume ou cardiale; bois de santal; décoction de racine de bénoîte dans du vin blanc; sirop de digitale; verser 2 ou trois gouttes d'éther sur un morceau de sucre, laisser fondre le sucre dans la bouche; promenades au grand air; éviter de forcer la marche; distraction; gaieté.

Panaris (tumeur lancinante très douloureuse au bout du doigt); appliquer sur le mal la racine et les fruits de la morelle noire bouillie, en consistance de pâte; racine et feuilles d'orpin ou joubarbe des vignes pilées; recouvrir ces substances au moyen d'un doigtier; mieux: prendre un œuf nouvellement pondu ou encore chaud, introduire le doigt malade dedans et le laisser ainsi quelque temps, le plus ordinairement cela suffit pour être guéri.

Paralysie (privation d'une partie du principe du mouvement dans une partie quelconque du corps); tisane de: feuilles et de fleurs de sauge; feuilles et fleurs de romarin; feuilles et fleurs de bétoine; serpolet ou thym bâtard; feuilles et graines de roquette; lavande Stœcas; millepertuis avec camomille; germandrée ou petit chêne; yvette camœpythis; genièvre, le fruit; feuilles de laurier sauce; manger de la graine concassée de moutarde blanche ; mâcher des clous de girofle concassés et éviter de les avaler ; manger des mérises ou cerises sauvages. On pourrait avoir recours à l'électricité.

Peau (partie extérieure qui recouvre le corps de l'homme). — Pour guérir ses maladies : tisane de feuilles et fleurs de scabieuse ; feuilles et fleurs de germandrée d'eau ou scordium ; fumeterre ; houblon, les fleurs ; racine de patience ; persicaire ou plantain rosat ; sommités de véronique mâle ; feuilles de noyer ; saponaire ou savonnière ; application de feuilles de chèvrefeuille pilées sur le mal.

Pertes de sang d'un organe quelconque ; tisane de : pulmonaire de chêne ; fleurs de pied de chat ; sommités de véronique mâle ; tabouret ou bourse à pasteur ; numulaire ou herbe aux écus, bugle ou petite consoude ; sanicle ; racine de benoîte ; grande consoude, la racine ; racine d'orme pyramidal ; roses de Provins ; eau de pourpier.

Peste (maladie épidémique que la Science attribue à des animacules, microbes, ou animaux infiniment petits ; est contagieuse ou se gagne) ; tisane de : mouron bouilli dans du vin ; racine de carline ; ail pilé ; suc d'oignon ; respirer fréquemment du vinaigre dit des 4 voleurs ; de l'eau de senteur ; du camphre ; manger des oranges.

Petite vérole ou *Variole* (éruption de petits boutons d'humeur ou purulents sur le corps, maladie contagieuse); tisane de : feuilles d'ortie; sommités de germandrée d'eau; racines et feuilles d'angélique; feuilles de pastel sauvage; lentilles; figues et raisins secs; quatre fleurs pectorales; racines de bardane. Se tenir chaudement.

Pour en effacer les marques : bassiner les parties atteintes avec décoction de racines de bistorte; aussi avec des échalottes, dites appétits, cuites avec du sel.

Phtisie (marasme, maigreur extrême ou consomption); tisane de : pulmonaire de chêne; tussilage ou pas d'âne; lierre terrestre; pissenlit ou dent de lion; fleurs et feuilles de bugle; raifort sauvage; petites pâquerettes ou marguerites mêlées avec numulaire et cresson de fontaine; pariétaire avec miel; quatre fleurs pectorales; quatre fruits pectoraux; mâcher des radis gris et du cresson de fontaine; Porter de le flanelle et éviter les excès.

Pleurésie (inflammation de la membrane muqueuse qui enveloppe le poumon et qu'on appelle plèvre) ; tisane de: petites pâquerettes; de pervenche; feuilles de verveine fricassées dans la poêle avec du vinaigre qu'on applique sur le côté.

Poireaux ou *Verrues* (excroissances de chair, sorte de durillon sur la peau attaquant, le plus ordinairement, le dessus de la main ou des doigts); appliquer dessus : du suc de chélidoine ou grande éclaire ; aussi de souci ; enfoncer la pointe d'une épingle dans le poireau ou verrue, chauffer la tête de l'épingle avec la flamme d'une bougie aussi long-temps qu'on pourra en endurer la chaleur, ce qui les fait disparaître après en avoir brûlé la racine.

Poitrine (principal organe de la vie, en renfermant les poumons et le cœur). Pour guérir ses maux; tisane de : rue de muraille ou sauve-vie, sucrée avec du miel; capillaire de Montpellier ; fleurs et feuilles de scabieuse ; quatre fleurs pectorales; quatre fruits pectoraux (1) ; pied de chat, pulmonaire de chêne ; graines de millet ; mâcher et manger du cresson de fontaine ; aussi du radis gris.

Polype du nez (excroissance de chair qui se forme dans le nez en gênant la respiration); appliquer de la décoction de polipode sur la partie affectée. Il est préférable de les faire extraire par un médecin-chirurgien.

Poumon (principal organe de la respiration, il est mou et spongieux.) — Pour guérir ses mala-dies : tisane de : pulmonaire de chêne ; quatre fruits pectoraux : quatre fleurs pectorales ; safran du

---

1. Les quatre fleurs pectorales sont composées d'un mélange de : fleurs de coquelicot ou pavot des moissons, de molène ou bouillon blanc ; tussilage ou pas d'âne et pied de chat.

Les quatre fruits pectoraux sont composés de : dattes d'Afrique ; raisin de Corinthe ; jujubes et figues grasses.

Gâtinais; racine d'aunée; de guimauve; de poireaux; mâcher du cresson de fontaine; de la gomme arabique.

R

Rage ou *Hydrophobie* (délire furieux accompagné d'horreur pour les liquides); tisane de: semences de chardon marie infusées dans du vin blanc; décoction de racine de bardane. Le remède le plus sûr, c'est aussitôt qu'on est mordu par un animal enragé, de faire cautériser la plaie avec un fer chaud (voir le médecin ou le pharmacien). Mieux, un illustre Savant, M. Pasteur a découvert, tout récemment, le moyen de guérir de la rage (voir l'avis page 190).

Rajeunir (reprendre la vigueur et la force de la jeunesse); faire usage de quintessence ou la partie la plus subtile de la mélisse officinale, en boire en infusion comme du thé; respirer un air pur; beaucoup de gaieté, et surtout pas d'excès.

Rate (partie molle, spongieuse, dont le siège est au flanc gauche, viscère, servant de secrétion ou filtrant la bile). — Pour guérir ses maux; tisane de: fleurs de houblon; scolopendre ou langue de cerf; racine de fougère mâle; sanicle, la plante entière; bardane; tamarin; capillaire politric dans du miel; manger des jeunes pousses de houblon comme des asperges.

Refroidissement (diminution de chaleur, air froid dont on est saisi, étant en sueur, ou courant d'air de deux issues opposées qui vous atteint, sueurs rentrées ou arrêtées) ; rétablir, de suite, la transpiration au moyen de la marche, on pourrait même, pour provoquer la sueur, porter un fardeau quelconque, et marcher vivement, même courir ainsi chargé jusqu'au moment où la transpiration serait rétablie, successivement se coucher avec bouteille d'eau chaude aux pieds et avoir soin de bien se couvrir, prendre pour tisane : bourrache ; fleurs de tilleul avec feuilles d'oranger ; fleurs de coquelicot ou pavot des moissons ; véronique mâle ou thé d'Europe, il est préférable au thé de Chine ; décoction de racine de bardane ou glouteron.

Nota. — Les courants d'air sont toujours nuisibles, même funestes, ils sont souvent la cause de bon nombre de maladies, notamment la pulmónie, et surtout des douleurs dont on ignore la provenance.

Règles ou *Ordinaire des femmes* (évacuation périodique du sang, qui a lieu le plus ordinairement tous les mois) ; — Pour les faire venir : tisane de armoise ; sauge ; fleurs de lavande spic ; sommités de marjolaine ; dictame de Crète ; absinthe ; menthe ; vanille ; petite centaurée ; berle ou ache d'eau, qui croît avec le cresson ; marube blanc ; thym ; cannelle ; racine de caprier ; racine de fraxinelle ; café grillé ; beaucoup d'exercice ; pour les arrêter : piler de la mille feuille, et la mettre en pessaire ou appliquée dans les lieux naturels ; tisane : ivraie sauvage ; petite prêle infusée dans du vin ; sanicle ; manger du riz. Il peut suffire à lui seul pour arrêter les pertes de sang excessives.

Reins (lieu où s'opère la séparation du sang d'avec les urines par distillation) ; — guérir ses maux : tisane de : capillaire ; verge d'or ; fleurs et feuilles de millepertuis ; raifort miellé ; réglisse ; appliquer des feuilles de bardane fraîches sur les parties douloureuses, les maintenir au moyen d'une serviette pour en retirer l'eau ; manger de la barbe de bouc en salade ; mâcher du suc de réglisse.

Rhumatisme (douleurs dans les muscles ou chairs avec difficultés de se mouvoir ou remuer) ; tisane de : pissenlit ou dent de lion bouilli dans du lait avec sucre candi ; fleurs de genêt à balai mêlées avec sommités de menthe ou de sariette des jardins ; coucous ou primevères ; patience ; fleurs de romarin : sommités de lavande spic ; camomille mêlée avec millepertuis, en liniment ou frictions douces ; frictions avec tanaisie vulgaire infusée dans de l'eau-de-vie ; fleurs de camomille infusées dans de l'huile d'olive et eau-de-vie camphrée pour friction ; manger de la mâche en salade assaisonnée de bonne huile d'olive et vinaigre de vin, en très petite quantité; faire usage de prises de salicylate de soude; sulfate de quinine (avis du pharmacien).

Rhume (irritation de la gorge avec toux); tisane de : fleurs de coquelicot; quatre fleurs pectorales; quatre fruits pectoraux; serpolet ou thym bâtard sucré avec de bon miel blanc; orge perlée avec miel; faire usage de chocolat ou manger du cacao rôti.

NOTA. —Les rhumes négligés sont funestes.

Rhume de cerveau (humeur ou eau âcre coulant du nez, des yeux et éternument); tisane de : mauve bien sucrée avec miel; fleurs de bourrache; frictions sur le front et les parties irritées avec du beurre frais; appliquer sur la tête un cataplasme chaud d'origan vulgaire; tenir les pieds chauds avec bouteille d'eau d'une douce chaleur; bien se couvrir étant couché pour exciter la transpiration.

Rougeole (irruption de petites taches rouges sur la peau qui atteint le plus ordinairement les enfants, est susceptible de se communiquer ou gagner); tisane de : figues et raisins secs mêlés; racine et graines de fenouil doux; scabieuse; galéga; feuilles et fleurs de scordium ou germandrée d'eau; feuilles et fleurs d'ortie grièche ou piquante; décoction de bistorte; tenir chaudement le malade.

S

Sang (voir *Flux de sang*).

Sarcocèle (tumeurs aux testicules ou parties sexuelles); décoction de racine de bugrane ou arrête-bœuf dans du bouillon à prendre en tisane d'une douce chaleur.

Scarlatine (fièvre accompagnée de rougeurs écarlates sur le corps); tisane de : fleurs de bourrache; fleurs de violettes; guimauve; quatre fleurs pectorales, sucrer avec du miel (réclamer les soins d'un médecin en cas de gravité).

Scorbut (corruption contagieuse du sang avec enflure et saignement des gencives); tisane de : racine d'oseille; gargarismes avec décoction de feuilles de rue; eau-de-vie camphrée; sommités de sauge; argentine; bistorte; feuilles de pourpier; mâcher de la graine de moutarde blanche concassée; mâcher de l'ail; manger de la mâche en salade.

Sommeil (dormir); pour le provoquer; tisane de fleurs de violettes odorantes; pavot; coquelicot; graines de jonc commun; boire du vin dans lequel on a fait infuser de la mousse; mâcher du poivre cubèbe ou à queue; manger de la laitue assai-

sonnée avec de l'huile d'œillette ou de pavot ;
manger peu le soir ; beaucoup d'exercice en plein
air.

Stérilité (femme qui ne peut concevoir) ; pour
y remédier ; tisane de : graines d'ammi concassées
finement en décoction dans du vin très-vieux ;
4 semences chaudes mêlées, qui sont les graines
de : anis, carvi, cumin et de fenouil ; mercuriale
ou foirolle miellée ; orvale ou toute bonne bouillie
dans de bon vin ; poudre d'alchimille ou pied
de lion infusée dans du vin blanc ; poudre de véronique mâle, délayée dans de l'eau sucrée ; fleurs
de cardon épineux dans de bon vin blanc ; décoction de racine d'impératoire ; manger des truffes.

Surdité ou *être Sourd* (perte ou diminution de
l'ouïe, ne pas entendre ou entendre peu) ; introduire dans les oreilles un tampon de coton imbibé
de baume de copahu ; décoction de feuilles, graines
et écorces de frêne, en imbiber du coton et le
mettre dans les oreilles ; seringuer de l'huile essentielle de carvi dans les oreilles ; pour tisane :
décoction de la plante de chardon bénit dans du
vin.

Syncope (défaillance, évanouissement, se trouver
mal) ; fleurs de romarin en digestion dans de l'eau-
de-vie ; eau de mélisse en liqueur ; prendre de ces
deux remèdes en petite quantité ; tisane de : fleurs
de tilleul avec feuilles d'oranger ; faire respirer de

fort vinaigre ; jeter quelques gouttes d'eau froide sur le visage après avoir desserré les vêtements ; donner de l'air au malade ; coucher la personne horizontalement, la tête plus basse que le corps.

T

Taie (pellicule mince ou tache qui se forme sur l'œil) ; injecter du lait de femme dessus, pour la faire disparaître.

Teigne (gale plate sèche sur la tête, se gagne) ; graisser la tête avec un onguent composé de graisse de porc et de baies de genièvre pilées ; autre onguent composé de beurre, jus d'ail et miel, en frictionner le tête ; faire une décoction de tanaisie vulgaire, toute la plante, pour en laver la tête avec ; aussi de feuilles de lierre grimpant bouillies dans du vin, en laver la tête ; fricasser dans une poêle des graines de cresson alénois avec du beurre, l'appliquer sur le mal.

Tenesme (souffrances dans le ventre et douleurs vives au fondement avec envie d'aller à la selle sans évacuation) ; lavement de décoction de la plante de persicaire ou plantain rosat ; tisane de la même plante de persicaire cuite dans du vin avec du sucre ; tisane de molène ou bouillon blanc.

Torticolis (mal douloureux empêchant de tourner le cou) ; envelopper la tête d'origan séché au four, bien chaud, dans un linge, et en couvrir la tête.

Toux (mouvement conlvusif de la poitrine avec bruit) ; tisane de : serpolet ou thym bâtard avec miel ; hysope ; fleurs d'origan ; germandrée ou petit chêne ; serpolet avec miel ; roquette ; véronique mâle ; fleurs de coquelicot ; pavot ; capillaire de Montpellier ; lierre terrestre ; érysimum vélar ou herbe au chantre ; pouliot, décoction de la plante entière ; racine de guimauve, cynoglose ou langue de chien ; quatre fruits pectoraux ; quatre fleurs pectorales ; jus noir dans la bouche ; gomme arabique avec sucre candi.

Tranchées (douleurs aiguës dans les entrailles ou boyaux) ; tisane de : camomille ; menthe ; coquelicot ; semences de pavot ; cataplasme sur le ventre de lierre terrestre ; aussi de cerfeuil fricassé dans la poêle avec du beurre frais ; eau distillée de menthe, une cuillerée, à boire dans un demi-verre d'eau.

Tremblement du corps (être agité) ; tisane de : sommités de marjolaine ; millepertuis ; germandrée ou petit chêne, mêlée avec yvette ou chamépitys.

Tumeurs (grosseurs qui se développent sur quel-

que partie du corps accidentellement ou autrement); cataplasmes de : décoction de liseron ; racine d'oseille cuite sous la cendre chaude qu'on
met dans une feuille de chou ; poireaux crus pilés;
feuilles de bardane bouillies dans de l'urine avec
du son ; asclépiade ou dompte venin ; fleurs et
feuilles de sauge ; aigremoine, la plante entière ;
scolopendre ou langue de cerf; feuilles d'aneth ;
orpin, la plante entière ; ortie commune ou
grièche ; racine de guimauve; farine de lentilles ;
farine de lin. (Voir spécialistes, qui les guérissent
sans opération.)

Tympanite (enflure du bas ventre causée par les
vents ou air renfermé dans le corps); cataplasmes
de : mélilot et de camomille appliqués sur le bas
ventre; pour tisane : les mêmes plantes infusées.

U

Ulcère (plaie ouverte avec humeurs âcres); cataplasmes de : feuilles de chicorée sauvage ; feuilles
de chou bouillies dans du vin; lierre terrestre ;
souci; chardon bénit ; bétoine ; chélidoine ou
grande éclaire ; arum ou pied de veau ; talitran ;
feuilles de persicaire ou plantain rosat ; feuilles
de lierre à cautère bouillies dans du vin; feuilles
de chèvrefeuille ; décoction de chardon étoilé pour
bassiner l'ulcère ; aussi de racine d'asclépiade ou
dompte venin ; ainsi que : ache ou céleri. (Voir

spécialistes, à Paris ou ailleurs, qui les guérissent sans opération, ni danger, même les ulcères rongeurs.)

Urine (liquide filtré et séparé de la bile et du sang par les reins, et sortant de la vessie); rétention ou empêchement d'uriner; tisane de : calament des montagnes; hysope; absinthe; eupatoire d'Avicenne à feuilles de chanvre; cerfeuil; feuilles de mélisse officinale; fleurs de camomille; bécabunga; linaire ou lin sauvage; fruits d'alkékenge ou coqueret; véronique mâle ou thé d'Europe, sucrée et miellée; fleurs de bluet ou barbot dans de la bière; fougère mâle; racine de guimauve; racine de souchet; racine et semences de chardon roland ou panicaut commun; gratteron, toute la plante; mélisse bâtarde infusée dans du vin blanc. — *Ardeur ou vive chaleur d'urine*; tisane de : chènevis pilé infusé dans du vin blanc; racine de fougère; racine, fleurs et semences de mauve; fruit de l'églantier. — Incontinence ou difficulté de retenir son urine; tisane de : millefeuilles, mille-fleurs ou herbe aux charpentiers; racine d'ivraie; racine de tormentille avec plantain.

V

Vapeurs hystériques nerveuses ou *Vertiges* (maladies dont sont atteintes spécialement les femmes et les filles); tisane de : mélisse ou citronnelle; tilleul mondé et feuilles d'oranger; sommités de rue; valériane; marube blanc; véronique mâle ou thé d'Europe; thé de Chine; scabieuse; sommités de fraxinelle; primevère ou coucou; calament des montagnes; sommités de lavande spic; camomille; scolopendre ou langue de cerf; graine d'alliaire; graines de moutarde; fleurs de romarin infusées dans de l'eau-de-vie; respirer ou sentir de la moutarde; manger des oranges; promenades au grand air; beaucoup de distractions; gaieté.

Vents (air ou gaz renfermé dans le corps); pour les chasser; tisane de : anis; menthe; vanille; origan; hysope; thym; sauge; calament; fleurs d'œillets rouges infusées dans de l'eau-de-vie; manger trois ou quatre baies de genièvre après le repas; manger du céléri; avaler trois ou quatre grains de poivre concassés après le repas; mâcher de la cannelle; aussi, des muscades concassées; prendre du ratafia de semences d'angélique.

Vérole ou *siphilis* (maladie vénérienne contagieuse, qui, souvent, couvre la peau de pustules ou tumeurs inflammatoires, ou, encore, de petites tumeurs pleines de pus ou d'humeur); tisane de : bardane, la plante entière; baies de genévrier; bois de buis râpé; bois de frêne; poudre de buis mise dans un demi-verre d'eau, à boire à jeun; brou de noix fait avec l'écale de la noix verte;

bois de gayac; bois de sassafras; racine de salsepareille; scordium ou germandrée infusée dans
du vin; gargariser l'intérieur de la bouche avec
infusion de cochléaria; se méfier des préparations
mercurielles, en proscrire l'usage d'une manière
absolue; régime doux; éviter toute espèce d'excès.

Vers (insectes ou animaux sans os, ni articulations, plats ou ronds, qui se trouvent dans le corps
humain); pour les détruire; tisane de: petite
absinthe marine; eau de pourpier; santoline ou
aurône; sommités de petite centaurée; — poudre
dite à vers; lupin; graine de roquette; racine de
fougère mâle, la saler; mousse de Corse additionnée d'un peu de lait; grande absinthe, la plante
entière, infusée dans de l'huile d'olives; en frictionner le nombril et en imbiber du coton qu'on appliquera sur le ventre; tisane de: lavande spic;
thym; chiendent avec un peu de rue; matricaire;
faire usage d'ail; manger des oranges.

Vertige (tournoiement de tête ou étourdisse-
ment); tisane de: tanaisie; sommités de marjolaine; sauge; serpolet; romarin; primevère;
tilleul mondé; eau distillée de mélisse; mâcher
des clous de girofle; mâcher de la racine de dono-
ric; manger du cerfeuil.

Vessie (d'où vient l'urine): ses maux, les guérir;
tisane de: bois de réglisse; racine de raifort; écorce
sèche de glaïeul ou iris puant pilée infusée dans
du vin; tanaisie infusée dans du vin; persil de

Macédoine ; pimprenelle ; herniaire turquette, toute la plante ; sommités de millepertuis.

Vomissement (vomir ou rejeter par la bouche ce qui est dans l'estomac); tisane de :alléluia ou pain de coucou, toute la plante avec sucre ; menthe poivrée ; coquelicot ; tilleul mondé ; sauge ; cataplasme composé de : nèfles, roses, clous de girofle pilés ; corail et un peu de noix muscade pilée, appliquer sur le ventre.

Vomissement de sang (rejeter le sang par la bouche); tisane de : décoction de traînasse ou renouée dans du vin ; sanicle ; argentine ; quintefeuille ; racine de benoîte.

Y

Yeux (organes de la vue). — Pour guérir leur inflammation ; bassiner les yeux avec l'eau de la décoction de chacune des plantes suivantes : fleur de framboisier dans l'eau d'orge : fleur de chèvrefeuille ; troëne ; plantain, mêler avec de l'eau de roses ; chélidoine ou éclaire ; verveine ; bluet barbot casse lunettes ; pied-d'alouette des champs ; bruyère ; eau de trèfle dont la feuille est marquée de taches blanches ; de plantain officinal ; fleurs de mélilot : euphraise ; fenouil doux ; de roses ; de sommités de romarin ; orvale ou toutebonne (1).

---

1. Toutes les plantes ou parties de celles-ci, énumérées plus haut, sont destinées à faire, séparément, autant de Collyres,

Le lait de femme mêlé au lait exprimé de la laitue (la tige), éclaircit la vue et empêche le larmoiement.

Pour conserver la vue et empêcher d'être exposé à tomber en état de cécité, ou ne plus voir clair, il convient d'éviter de fixer le soleil ou d'autres corps lumineux ; les lumières très brillantes, notamment celles de l'électricité et du gaz ; éviter aussi de passer instantanément d'un lieu sombre dans un autre très éclairé.

Le reflet du soleil sur la neige est contraire à la vue et peut occasionner l'ophthalmie ou l'inflammation des yeux.

La couleur verte, notamment celle des feuilles et de l'herbe, repose la vue.

PLANTES VÉNÉNEUSES DONT L'USAGE INTÉRIEUR OU EN BREUVAGE SERAIT TRÈS DANGEREUX

Dans le cours du Dictionnaire qui précède, on a soigneusement évité de parler des plantes dont la propriété pour l'usage intérieur pourrait présenter quelque danger pour le malade.

Cependant on a cru utile de signaler le nom des

étant infusées dans de l'eau très claire, douce ou légère, de pluie, de préférence ; en cet état, il suffit de bassiner ou humecter doucement les yeux ; on peut en faire usage pour la majeure partie des maux qui affligent la vue.

plantes vénéneuses puisqu'elles renferment du poison, par conséquent elles pourraient occasionner la mort de celui qui en prendrait en breuvage.

On ne fait usage de ces plantes que pour l'extérieur, soit en cataplasme, etc. On doit, prudemment, avant d'en faire l'emploi, demander l'avis du pharmacien-herboriste.

Les principales plantes vénéneuses sont :

Les jusquiames ou hannebane, noire et blanche ; les ciguës ; les mandragores ; les morelles, parmi celles-ci se trouve la douce-amère, ou morelle grimpante, dont on ne doit faire usage intérieurement qu'en petite quantité ; la belladone, son fruit ressemble à une petite olive et dont quelques enfants ont été victimes de leur effet en en mangeant ; le laurier-cerise ; l'aconit napel ; le seigle ergoté ; le datura stramonium ou pomme épineuse ; les renoncules ou bouton d'or ; la rue ; l'aristoloche ; la nicotiane ou tabac ; la bryone ou couleuvrée ; surtout, si l'on veut faire usage de ces plantes, ne pas négliger de consulter le pharmacien-herboriste.

Une plante dont il convient aussi de parler à cause de ses propriétés suspectes, c'est la Digitale, dont la feuille, en très petite quantité, est bonne pour les palpitations de cœur ; une légère dose pourrait compromettre la vie du malade.

Une autre plante, la Sabine, violent purgatif, emploi dangereux, dont les effets seraient funestes, dans certains cas, aux femmes.

Consulter le médecin ou le pharmacien-herboriste, avant de faire usage de ces deux plantes, et surtout aussi, nous le répétons, de celles reconnues suspectes et énumérées plus haut.

***

DE LA PURGATION

Toute personne qui mène une vie régulière, sans commettre aucun excès ne devrait pas, véritablement, avoir besoin de se purger. Puisque l'habitude a admis cet usage, il conviendrait cependant de ne point en abuser. Deux fois par an, pour ceux qui en reconnaissent la nécessité, devraient suffire.

Deux époques de l'année devraient être préférées : au Printemps, le mois de mai ; à l'Automne le mois de septembre.

Une substance des plus recommandables est celle de l'huile extraite de la graine de ricin ou *palma christi* (palme du Christ).

La dose, en cas de nécessité, pour un enfant, est d'environ 15 à 20 grammes, selon son âge et sa force ; pour un adulte (quatorze à vingt ans), environ 30 grammes (consulter le pharmacien) peut se prendre, au choix, dans du café noir ou du bouillon, alors on n'éprouve aucun dégoût.

On peut encore se purger au moyen d'une tisane, dont le nom de son auteur l'a rendue popu-

laire; on la nomme : Médecine du curé de Deuil;
elle est ainsi composée de :

Racines de patience, de guimauve, de bois de
réglisse, de chiendent et de feuilles de chicorée
sauvage; on y ajoute très peu de rhubarbe, de
sel de soude et de séné.

Quand on s'est purgé, on doit, *après chaque évacuation ou selle*, prendre une tasse de bouillon aux
herbes; on le fait ainsi : Une poignée de chacune
des herbes suivantes: oseille, cerfeuil, poirée,
laitue, à quoi on ajoute un peu de beurre et de
sel.

Pour tenir le corps libre et ne pas fatiguer
l'estomac, on peut aussi prendre fréquemment, le
matin à jeun, une cuillerée de bonne huile d'olives, c'est un excellent laxatif, relâchant le ventre.

Manger de temps en temps des pruneaux; en
boire le jus.

Manger du miel aussi à jeun.

De la soupe aux herbes, à l'oseille.

VERTUS ET PROPRIÉTÉS DE LA VÉRONIQUE MALE OU THÉ D'EUROPE. LES HEUREUSES CURES OPÉRÉES AU MOYEN DE CETTE PLANTE, SONT NOMBREUSES. ELLE PEUT AUSSI, AVEC AVANTAGE, REMPLACER LE THÉ DES CHINOIS.

La Véronique mâle, aussi connue sous le nom de Thé d'Europe, peut, avantageusement, remplacer le Thé de Chine. Il y a plusieurs espèces de Véronique, qui, toutes conviennent dans tous les cas d'obstruction, d'épaisissement des humeurs, pour diviser et dépurer, par la transpiration et les urines.

La seule qui doit nous occuper ici, est la Véronique mâle des botanistes, ou Véronique officinale, aussi connue sous le nom de Thé d'Europe.

Elle croît dans les jeunes bois, de préférence dans les lieux incultes et sauvages. C'est une petite plante traçante ou rampante, qui pousse plusieurs tiges d'environ trente-cinq centimètres, qui porte des fleurs purpurines tirant sur le bleu; ses feuilles sont longuettes, imitant celles de l'Arbuste du Thé de Chine; elles sont un peu velues et dentées tout autour, s'allongeant en manière d'épis environ de sept à huit centimètres de longueur; elle fleurit vers la fin de juin, ou le commencement de juillet, époque à laquelle on doit la récolter ; sa racine est fort mince. Le principe de toute la plante, comme celui de l'arbrisseau du Thé de Chine, est d'être amère.

Avant son introduction en France, vers l'année 1665, le Thé de Chine, était, suivant le récit des plus illustres savants qui excellaient dans l'art de guérir de ce temps-là, avantageusement remplacé par la Véronique mâle, à laquelle, après la comparaison qu'ils en ont faite, aussitôt après l'importation Chinoise, ils ont reconnu des vertus supérieures de la feuille de la Véronique à celle du Thé de Chine.

Vertus et propriétés de la Véronique mâle ou Thé d'Europe, cures et nombreuses guérisons opérées par les hautes sommités médicales de ce temps-là, avant et même après l'introduction du thé de Chine : naturalistes, médecins-chirurgiens et botanistes de tous les pays, qui, tous, ont donné leur opinion sur le mérite et la valeur de cette substance exceptionnelle ; ses éloges.

La Véronique mâle, que nous ne nommerons plus que THÉ D'EUROPE, tous ces savants se sont mis d'accord pour reconnaître que ce thé était bon pour la poitrine ; qu'il donnait du ton aux fibres et à l'estomac, en excitant l'appétit, facilitant la digestion, débarrassant la tête des douleurs et des vertiges qui la troublent, *favorisant d'une manière particulière la mémoire* ; que, contrairement au Thé de Chine, notre Thé d'Europe adoucit le système nerveux ; c'est encore le meilleur des vulnéraires ;

qu'on peut en faire usage à discrétion, il no sera jamais nuisible. Nòs savants ont ajouté que cette plante médicinale était héroïque, précieuse et souveraine.

Rapport des cures merveilleuses opérées par le moyen de notre Thé d'Europe par les plus célèbres médecins-chirurgiens-botanistes, dont les noms seraient trop longs à énumérer :

Les uns disent avoir guéri des hypocondriaques (personnes tristes, moroses ou chagrines) avec l'infusion de notre thé pris assidûment ; ils ajoutent : qu'il tient les sens dans une vigueur admirable. Ils le recommandaient aux gens de lettres et aux prédicateurs; aux maniaques; pour l'apoplexie ; pour éclaircir la vue et rendre l'ouïe plus délicate; pour la toux sèche; la fièvre lente ; pour arrêter les paroxymes ou accès violents de l'asthme, et pour débarrasser de cette colle qui farcit ou remplit les vésicules et les bronches du poumon.

D'autres disent : qu'ils préparaient un Rob de notre thé pour les crachements de sang et les ulcères du poumon ; c'est ainsi qu'ils le préparaient: un kilogramme du jus de notre thé dans lequel ils faisaient dissoudre 500 grammes de sucre.

D'autres savants célèbres disent encore : qu'ils guérissaient, au moyen de notre thé, les maladies de la vessie, en rompant les pierres et dissolvant les graviers; qu'ils guérissaient aussi, avec le même thé, les obstructions du bas ventre ; qu'avec sa poudre délayée dans de l'eau sucrée, ils ont guéri des personnes stériles ; que c'est aussi un excellent sudorifique (faisant suer.)

Que de cures admirables ont été obtenues par son moyen, dans des cas de fièvre et de peste maligne.

La majeure partie des célébrités médicales, au temps où l'on faisait, de préférence, aux compositions chimiques, usage des simples ou plantes, pour la guérison des maladies, tous les savants de cette époque ont été unanimes à reconnaître les vertus et les propriétés extraordinaires de notre Thé.

Ils ont en outre reconnu que l'usage extérieur de notre thé, était héroïque, d'une grande valeur, parce que, outre que toute la plante est astringente ou vulnéraire, elle est encore résolutive ou fondante ; que par les mêmes principes, elle emporte les obstructions, et que pour guérir les simples plaies et contusions de toute nature, il suffit d'appliquer la plante entière de notre thé, pilée grossièrement, sur la plaie.

Ils affirment qu'un des Rois, de leur temps, avait été guéri de la lèpre au moyen des fomentations ou application du jus chaud de notre thé ; qu'il n'y a point de gales ni de grattelle ou menue gale qui ne cèdent à cette eau ; elle dessèche les ulcères des jambes, arrête les ulcères ambulants, guérit les cancers.

Vers la fin du XVIIᵉ siècle, quelques personnes, à Paris, faisaient un grand secret d'une eau pour effacer les taches du visage ; c'était de l'eau alcoolisée faite avec la décoction de notre thé, c'est un bon cosmétique.

Pour résumer, nous ne citerons qu'un nom, celui du célèbre médecin-botaniste-chimiste, Frédéric Hoffmann, qui, au commencement du xvii° siècle, a publié une longue dissertation, ou discours sur les vertus et propriétés du Thé d'Europe, et pour prouver que les vertus de ce thé étaient préférables à celles du thé de Chine, pour la guérison de bon nombre de maladies, il dit avoir guéri, avec le Thé d'Europe, des poitrinaires, par l'usage du lait dans lequel on faisait bouillir toute la plante ; avoir consolidé des poumons ulcérés par le sirop fait avec son jus, etc. Ce Thé est donc incomparable pour la guérison de toutes les maladies du poumon. Des poitrinaires ont été guéris au moyen de 15 grammes de feuilles de ce thé, dans 60 grammes d'eau distillée de la plante, y ajoutant 15 grammes d'écorce moyenne de vigne sauvage.

On peut aussi remplacer le Thé de Chine par les plantes dont les noms suivent :

La *Sauge officinale* (cette plante est vendue aux Chinois qui la préfèrent à leur thé);

La *Mélisse officinale* (plante aromatique, agréable, sentant le citron), dont tous les Botanistes ont exalté les vertus;

L'*Aigremoine*, dont l'infusion des feuilles a été recommandée aux travailleurs des champs, pour boisson, dans la saison des chaleurs.

Remarque essentielle. — Le Thé d'Europe n'a aucun des inconvénients qui ont été reconnus dans l'usage du Thé de Chine. Ce dernier, étant pris en quantité, est nuisible à la santé. Il peut causer une incontinence ou écoulement d'urine involontaire, il convient d'en prendre avec modération, or donc, que la Véronique Mâle ou le Thé d'Europe, n'ayant pas les mêmes inconvénients, doit lui être préféré, sous tous les rapports.

VERTUS ET BONS EFFETS DE LA CAROTTE GRILLÉE, RÉDUITE EN POUDRE, PRÉPARÉE COMME LE CAFÉ ET PRISE EN BREUVAGE.

L'usage de l'infusion de Carotte grillée, préparée comme il est expliqué plus bas, est très saine et bonne pour la santé.

Elle a en outre la propriété de guérir toute espèce de maladie de peau, ainsi que les dartres. Elle a encore la vertu de dépurer le sang.

Manière de préparer les carottes :

Après les avoir nettoyées, les faire griller ou dessécher au four. Les moudre ou les réduire en poudre. En faire une infusion qu'on prendra par tasses après l'avoir sucrée.

PRÉCIEUSE TISANE APÉRITIVE, TEMPÉRÉE, POSSÉ-
DANT UNE INFINITÉ DE VERTUS POUR LA
GUÉRISON DES MALADIES EN GÉNÉRAL, DONT
POURRONT FAIRE USAGE, AVEC BEAUCOUP DE
SUCCÈS, LES PERSONNES DE TOUT AGE, ET NO-
TAMMENT LES ENFANTS, LES DAMES ET LES
VIEILLARDS. UN CÉLÈBRE MÉDECIN DU XVIIᵉ SIÈCLE,
QUI EN PRENAIT FRÉQUEMMENT, EST MORT A
CENT VINGT ANS.

Prenez: deux litres d'avoine de la meilleure, bien nette et lavée ; deux poignées de chicorée sauvage, nouvellement cueillie, les mettre bouillir ensemble dans six litres d'eau de rivière, pendant environ trois quarts d'heure, à bouillon médiocre, puis y ajouter deux poignées de mélisse officinale, plus 250 grammes de bon miel blanc, faire bouillir le tout ensemble pendant environ une demi-heure, passer le tout par un linge et mettre le liquide dans un vase de terre, le laisser refroidir, clore ou boucher le vase.

En prendre deux verres, de grandeur ordinaire (non à pied) le matin à jeun ; l'après-midi, c'est-à-dire trois ou quatre heures après avoir mangé, deux autres verres, continuer ainsi à en prendre pendant quinze jours, sans qu'il soit nécessaire de changer son régime.

Les personnes délicates n'en devront prendre

qu'un verre, ce qui les soulagera beaucoup.

Ceux qui sont replets ou gras, en cas de constipation, devront user de laxatifs ou se purger légèrement, en prenant à jeun le matin, une cuillerée d'huile d'olive vierge, cela suffira pour que le remède produise plus d'effet.

Cette tisane est fort douce ; elle purge parfaitement les reins, facilite la sortie des urines ; elle fait expectorer ou cracher, moucher ; elle décharge le cerveau ; nettoie le poumon, le foie et la rate, chasse du corps toute espèce de putréfaction, les impuretés ; guérit tout mal de tête ; la gravelle, la pierre nouvellement formée ; toute espèce de fièvre ; colique ; mal de côté ; gale ; lassitude des membres et les assoupissements ; elle ouvre l'appétit, fait dormir, rafraîchit, engraisse, donne force et vigueur aux sens ; en un mot, elle donne la santé Elle est très nourrissante et elle semble encore produire ses bons effets un ou deux mois après en avoir pris, surtout lorsqu'on en fait usage pendant la canicule ou pendant les grandes chaleurs, temps où il est préférable d'en prendre ; dans ces conditions, elle répare merveilleusement les forces, et l'expérience a prouvé que c'est un remède universel pour les maladies.

On peut prendre de cette tisane tous les jours sans qu'elle puisse faire du mal, toutefois, excepté pendant les grands froids et gelées, à moins qu'on se tienne bien chaudement.

Pour conserver sa santé, il suffit d'en prendre

pendant quinze jours, une ou deux fois l'année, surtout, comme il a déjà été dit, pendant les grandes chaleurs. Elle ne lâche pas beaucoup le ventre, mais elle le décharge de toute urine épaisse, graveleuse et pierreuse, en un mot de toute humeur malfaisante.

En faisant usage de cette tisane, beaucoup de personnes qui étaient affligées de plusieurs maladies anciennes et désespérées, ont été guéries sans aucun autre remède, ni lavement, ni saignée. Elle a aussi guéri des maux de tête violents très anciens qu'on croyait irrémédiables, ainsi que des fluxions invétérées sur les bras.

Un célèbre médecin du xvii° siècle, du nom de Sainte-Catherine, en prenait trois fois l'année, vers le mois de novembre, avant les grands froids ; au commencement du printemps, soit vers avril, et dans les plus grandes chaleurs de l'été. Il est mort à cent vingt ans, c'est à la puissante vertu de ce remède qu'on a attribué la cause de sa longue existence.

PROPRIÉTÉ DE LA RACINE DE L'ANGÉLIQUE

La racine d'Angélique cultivée ou des jardins (Angélique officinale) dont les vertus stomachiques (bonnes pour l'estomac), ont été reconnues, possède, en outre, d'autres propriétés utiles pour la santé.

Les mémoires du temps où vivait un Marseillais,

du nom de Camus, mort à cent vingt-cinq ans,
ont attribué sa longue existence à l'angélique des
Jardins (la racine), qu'il mâchait presque conti-
nuellement.

QUINTESSENCE, OU VÉRITABLE RECETTE D'UN ÉLIXIR
DE LONGUE VIE LAISSÉE PAR UN CÉLÈBRE MÉ-
DECIN SUÉDOIS QUI EN FAISAIT CONSTAMMENT
USAGE. IL EST MORT A L'AGE DE CENT DOUZE ANS.

Chez un pharmacien, demandez :

Aloès succotrin. . . . . . . 30 grammes.
Racine de zédoaire pulvérisée. 4   »

Et 4 grammes de chacune des substances suivantes :
Rhubarbe fine ; safran du Gâtinais ; agaric blanc ;
Thériaque de Venise ; écorce de sureau, pousse de
l'année. Eau-de-vie vieille, bonne qualité, 1 litre.
Laisser infuser le tout pendant environ neuf
jours, et passer à travers un linge fin, la liqueur
est faite.
On peut, si l'on veut, sur les ingrédients dont on
a tiré la liqueur, verser, à nouveau, un litre d'eau-
de-vie, alors il faudrait laisser macérer ou séjourner pendant un mois, et tirer à clair. On aura
encore un bon Elixir, mais moins valable que le
premier tiré.

La quantité à prendre, le matin à jeun, est plein un petit verre, ou mieux, une cuillerée à bouche.

Cet Elixir pourrait, avantageusement, remplacer pour le travailleur, tout en conservant sa santé, et en aidant à prolonger son existence, la goutte du matin.

POUR RENDRE LA VUE A UNE PERSONNE QUI EST
DEVENUE PRESQUE AVEUGLE

Au temps des vendanges, mettre un bouquet d'euphraise officinale dans une cruche dans laquelle on aura mis du vin doux, laisser ainsi le vin bouillir, et mettre cette liqueur en bouteilles pour l'usage.

En bassinant les yeux avec ce collyre, on rendrait la vue à une Personne presque aveugle, et l'on empêcherait le larmoiement.

ANIMAUX ET INSECTES VENIMEUX DE LA FRANCE
PRÉCAUTIONS A PRENDRE

Explications utiles et moyen de guérison en cas d'accident, soit morsure ou piqûre.

Les animaux et insectes venimeux pouvant présenter quelque danger sont, heureusement, peu nombreux en France. Les insectes redoutables, à cause de leur piqûre qui peuvent devenir funestes, sont : le frelon ; la guêpe ; l'abeille ou mouche à miel ; le bourdon des pierres. Tous ces insectes se trouvent partout. Trois autres insectes, le scorpion, l'araignée noire, un peu velue, des caves, et la tarentule, espèce d'araignée, peuvent aussi, par leur piqûre, occasionner quelque danger. On trouve le scorpion sous quelques départements du Midi, notamment dans le Var, les Alpes-Maritimes ; en Languedoc, particulièrement dans la Haute-Garonne, etc., sous les pierres et quelquefois dans les habitations. La tarentule se trouve plutôt, en Italie, aux environs de Naples, accidentellement dans nos départements méridionaux ; la vipère, ce serpent, se trouve, le plus ordinairement, dans les endroits pierreux et secs.

Il est très important de prendre des précautions aussitôt qu'on a été piqué par une Mouche ou mordu par une Vipère.

La piqûre des mouches est plus ou moins dangereuse, suivant la nature de la partie piquée, le Climat, la Saison, comme aussi le quantité de Venin produit. Il conviendrait d'extraire l'aiguillon de la plaie. En outre, la piqûre peut déterminer des accidents, graves, même la mort, surtout si ces insectes ont sucé le suc de plantes vénéneuses ; des matières animales en putréfaction ; ou encore des cadavres d'animaux morts de maladies pestilentielles ; alors, elles sont susceptibles de produire ce qu'on nomme vulgairement le Charbon.

La morsure de la Vipère commune est très dangereuse, puisqu'elle peut déterminer la mort, si on ne s'y prend pas à temps. Cette espèce de serpent est d'une couleur grisâtre, sa tête a la forme triangulaire ; on le trouve presque partout, surtout dans les lieux secs et pierreux (les roches).

Etant mordu, il faut, sans perdre de temps, remédier au mal, dont la nature est subordonnée aux mêmes causes que celles dont il vient d'être parlé : climat, saison, etc.

Le moyen de se guérir, d'atténuer ou diminuer le mal, c'est de faire cautériser la plaie, soit *piqûre* de mouche, ou *morsure, le plus vite possible,* au moyen d'un fer *rougi à blanc,* ou, si la plaie est peu douloureuse, il suffit quelquefois de la faire cautériser avec la *pierre infernale,* chez le médecin ou le pharmacien. Combien de personnes qui, faute d'avoir pris ces précautions, ont été victimes de leur indifférence.

Pour la morsure de la vipère, si l'emplacement du mal le permettait, on devrait faire usage d'une ligature ou bande de toile ou autre tissu, qu'on placerait de manière à arrêter le sang infecté pour éviter qu'il se communique ailleurs le moins possible. Aussitôt mordu, on pourrait aussi enlever le venin au moyen de la succion (sucer la plaie) en ayant le soin de le cracher aussitôt la plaie sucée. Cependant il a été reconnu que le venin d'une vipère peut, sans inconvénient, être introduit dans les intestins, pourvu qu'il n'y ait pas de lésion.

Dans les chaleurs ou en temps d'orage, lorsqu'on

sort de chez soi, ou quand on va dans la campagne, on devrait toujours avoir sur soi un petit flacon d'alcali volatil, ce qui coûte fort peu, pour bassiner, en cas d'accident, la plaie faite par l'un des insectes énumérés plus loin, aussi celle de la morsure de la vipère, et ce, aussitôt l'accident arrivé ; par ce moyen-là on serait plus tranquille et moins exposé à payer de sa vie son insouciance ; mais hâtons-nous de dire que pour la morsure de la vipère, l'alcali n'est pas suffisant ; c'est un moyen qui ne doit être employé qu'en attendant de pouvoir cautériser la plaie avec un fer rouge comme il est dit ci-dessus.

Un Serpent, non venimeux et inoffensif, c'est la Couleuvre, surnommée l'anguille de haie, à la vue de laquelle on éprouve une certaine aversion, malgré qu'elle soit susceptible d'attachement. On peut, sans aucune crainte, l'approcher et la toucher.

La Couleuvre se trouve ordinairement dans les lieux humides, les prairies, les bois et aux environs des endroits où il y a de l'eau. Elle est plus grosse et plus longue que la vipère. Sa peau, sous le ventre, est brillante et d'une couleur blanche et verdâtre.

Un animal redoutable, c'est le chien, lorsqu'il est en état d'hydrophobie ou enragé. En cas d'accident, c'est-à-dire si l'on était mordu par un chien atteint de la rage, *il faudrait, pour éviter des suites funestes, sans perdre de temps, faire cautériser la plaie avec un fer rougi à blanc.* Il conviendrait de consulter, aussitôt, un médecin-chirurgien.

Note importante. — Un homme de génie, M. Pasteur, membre de l'Institut, a trouvé le moyen, en 1885, de guérir de la rage les Personnes mordues par des animaux enragés.

Aussi, depuis cette heureuse découverte, un grand nombre de personnes mordues sont-elles venues, de tous les pays, auprès de l'éminent savant, à son laboratoire, rue d'Ulm, à Paris, d'abord, actuellement, provisoirement, n° 14, rue Vauquelin, en attendant que l'*Institut spécial Pasteur*, soit édifié, pour réclamer ses soins, afin d'être préservées de l'affreuse maladie de la rage. Jusqu'à ce jour décembre 1887, les cures opérées par l'homme, dont la renommée s'est étendue au loin, ont été couronnées de succès.

Dans sa séance du 1er mars 1886, les Membres de l'Académie des sciences, d'accord avec le Gouvernement, ont décidé : Qu'un Etablissement pour le traitement de la rage serait créé, à Paris, sous le nom d'*Institut Pasteur*, lequel admettra les Français et les Etrangers mordus par les chiens et autres animaux enragés ; qu'une souscription publique serait ouverte, en France et à l'Etranger, pour la fondation de cet établissement, sous la direction d'un Comité composé des Personnages les plus illustres de notre époque.

DANGERS POUVANT SE PRODUIRE EN CAS D'ABSORP-
TION DE CANTHARIDES, MOYENS DE GUÉRISON.

Pour le cas où l'on avalerait une ou plusieurs Cantharides, mouches oblongues, c'est-à-dire beaucoup plus longues que larges, d'un vert doré, *poison violent*, il faudrait, pour éviter des suites fâcheuses, boire beaucoup de lait, de l'huile d'amandes douces ; faire usage de camphre intérieurement ; seringuer dans la Vessie des injections faites avec une décoction de racine de guimauve ; de nénuphar, ou lis des étangs ; de laitue ; de *spermaceti* ou blanc de baleine ; de l'huile de lin ; un demi-bain d'eau tiède serait utile.

RÉSUMÉ DE LA MÉDECINE DES ANCIENS, TELLE, AU
SURPLUS, QU'ELLE ÉTAIT ENCORE PRATIQUÉE
IL Y A PRÈS D'UN SIÈCLE.

A cette époque, pour la guérison des maladies, sauf quelques ingrédients des plus simples, on faisait spécialement usage de Plantes.

Indépendamment des médecins, des chirurgiens, des apothicaires, des savants naturalistes, des botanistes-herboristes, des prêtres, des religieux, des religieuses, etc., pratiquaient la Médecine, la tolérance, alors, était admise.

Voici la liste des principaux remèdes qui étaient ordonnés pour la guérison des maladies :

1° Comme *Anodins*, c'est-à-dire ceux qui étaient reconnus capables d'adoucir, de calmer ou de guérir les douleurs, on prescrivait les remèdes suivants :

En décoction, la molène ou bouillon blanc; l'avoine; la luzerne; le laiteron ou laceron; les violettes; nénuphar; pavots blancs et rouges; riz et en manger; mauves; fleurs et semences d'aigremoine; capillaires, même en sirop; safran dans les aliments; manger des épinards; suc de citron ou en sirop; boire du lait d'ânesse.

2° *Apéritifs*, ou plantes ayant la vertu de lever les obstructions, d'atténuer ou diminuer les humeurs, et les évacuer par les urines :

En décoction: Armoise; racines d'angélique; racines de fenouil; racines de fraisier; racines de fougère mâle; racines de petit houx; baies de genièvre; cerfeuil; marrhube blanc; hysope; jujubes; pissenlits; oignons, de préférence les blancs, en manger, et en décoction ; sarment de vigne; serpolet, la plante, violette ; sauge; valériane; orties; seconde écorce de frêne; manger des carottes; avaler 3 ou 4 échalottes le matin à jeun; manger des panais, en mettre dans les bouillons; mettre du safran dans les aliments et les bouillons; manger des pommes; manger des raiponces et en prendre en décoction; manger de l'estragon, et en décoction; prendre en infusion des fleurs et semences d'ajonc, ou genêt épineux.

La chicorée de jardin et la sauvage, cette dernière chicorée est préférée, en tisane, et en bouillons, quand on veut dépurer le sang et diviser les humeurs.

Le cresson d'eau, de préférence celui qui pousse autour des fontaines, est excellent en tisane et dans les bouillons apéritifs. Son suc dépuré est précieux dans toutes les maladies d'obstructions; la dose est de 60 à 120 grammes, pur ou joint à quelque boisson.

La racine de chiendent, en décoction, est bonne pour clarifier le sang.

La fumeterre est un des meilleurs apéritifs, bon dépuratif du sang. Employée avec succès dans les obstructions à la suite des fièvres intermittentes ou qui se produisent par intervalles, l'effet serait plus sûr si on l'employait dans du lait ou du petit-lait.

La racine d'asperges débarrasse les organes urinaires des matières glaireuses; elle enlève les obstructions du foie, de la rate et de la matrice, en décoction, la dose est de 30 à 60 grammes; on peut aussi employer les feuilles.

Le chèvrefeuille est apéritif, il y en a de deux espèces, les vertus sont les mêmes.

La pariétaire est très apéritive; elle adoucit le sang et excite les urines. Prendre 1 litre 1/2 d'eau bouillante, la verser sur 2 ou 3 poignées de feuilles, on en tire le suc qu'on ajoute à un bouillon. On peut aussi joindre ce suc à un verre de vin blanc. On peut encore avec les feuilles de pariétaire, en décoction, préparer des lavements, en faire un cataplasme qu'on applique sur le bas ventre, dans les suppressions d'urines et chaleurs d'entrailles.

La racine de patience ou parelle, est bonne dans les maladies d'obstructions, les embarras du foie, de la rate et de la matrice.

La racine et les feuilles de persil sont très apéritives, sa racine, en décoction, débarrasse les reins. On prend aussi la semence du persil, en poudre, à la dose de 4 grammes dans du vin blanc.

Le poireau aussi est très apéritif, il excite les urines et provoque puissamment les crachats.

Le suc de raifort sauvage est très propre à atténuer ou diviser la pierre des reins et de la vessie.

La tanaisie vulgaire, en décoction, est employée avec beaucoup de succès dans les embarras du foie, de la rate, des reins et de la vessie.

3° Astringents intérieurs, remèdes pour resserrer et arrêter les hémorragies ou pertes de sang.

L'églantier, ou rosier sauvage, est un remède très astringent. On prend son fruit ou cynhorrodon en tisane ou en conserve, il est propre à resserrer dans les flux de ventre.

L'écorce de liège réduite en poudre, est un excellent astringent; elle arrête les hémorragies et les flux de ventre.

Le fruit du mûrier, non encore mûr, est un astringent fort estimé pour les gargarismes.

Les baies de myrthe, en décoction, sont très bonnes dans les cours de ventre ; elles fortifient les parties relâchées, soit les intestins, la luette, le sphincter de l'anus (muscle ou anneaux, qui resserre ou ferme l'anus, la vessie).

La millefeuille, en décoction, arrête les évacuations immodérées.

Les feuilles, le fruit et le bois du prunier sauvage, en décoction, sont fort astringents, ils conviennent aux maladies où il est nécessaire de rétablir le ressort des corps fibreux des premières voies.

Les feuilles de ronces, en décoction, sont astringentés ; elles raffermissent les organes de la bouche. La racine, prise en poudre, arrête les cours de ventre.

La centinode ou renouée, en décoction, est un très bon astringent pour les pertes des femmes, les flux de ventre, les hémorragies et vomissements Un cataplasme de cette plante, appliqué extérieurement, arrête le sang.

En décoction : plantain ; pervenche ; orties mortes ; racine de grande centaurée ; écorces et glands de chêne (les feuilles, en infusion) ; avoine ; molène ou bouillon blanc ; racine de tormentille ; aigremoine ; joubarbe ; oseille, et en aliment ; grena-

des (fruit du grenadier) ; châtaignes et en manger ;
nèfles et en manger ; manger des noisettes.

4° *Astringents extérieurs.*

Les roses de Provins, en poudre, appliquées sur
les hémorragies, les arrêtent ; ainsi que la noix de
galle pulvérisée, et la vesse de loup pulvérisée produit le même effet, on l'appuie principalement sur
les vaisseaux ouverts, ainsi que le suc d'ortie.

La farine ordinaire, pétrie avec un blanc d'œuf,
en faire un cataplasme, remède excellent pour
arrêter l'hémorragie et calmer la douleur.

L'agaric de chêne, la fiente de porc desséchée
et pulvérisée, ainsi que l'écorce de grenade, cette
dernière en décoction, arrêtent les hémorragies.

5° *Carminatifs ou remèdes pour dissiper les vents.*

La menthe pouliot calme les coliques venteuses
et rétablit le flux menstruel.

Les baies de laurier, puissant carminatif pour
les coliques occasionnées par le froid ; on les
prend en décoction pour lavement, à la dose de
8 grammes.

En décoction : absinthe ; verveine ; baies de
genièvre ; anis ; estragon : fenouil ; lavande ;
semence de cumin ; camomille (en lavement).

En infusion : fleurs de mélilot ; feuilles et semences de basilic ; fleurs de sureau.

Muscade dans les aliments ; avaler 4 gousses d'ail le matin à jeun ; panais en aliment ; aussi, persil ; anis vert.

6° *Cordiaux, ou remèdes qui fortifient le cœur.*

La cannelle est un excellent cordial ; elle donne du mouvement aux humeurs, en fortifiant les organes, la prendre en infusion.

L'angélique de Bohême en décoction, depuis 2 grammes jusqu'à 8 grammes.

L'écorce de citron est un excellent cordial, en infusion, 4 grammes.

L'écorce d'orange en infusion, dose 4 grammes.

Le bon vin est un des cordiaux les plus simples et les plus certains. Tout le monde connaît les bons effets qu'il produit dans les faiblesses et dans toutes les occasions où il est question de ranimer.

La noix muscade fortifie le cœur, corrige la mauvaise haleine, on en met dans les bouillons pour les rendre plus agréables, dose depuis 1 décigramme 1/2 jusqu'à 2 grammes.

Les feuilles de mélisse, desséchées, prises en infusion comme le thé, depuis une pincée jusqu'à deux, sont un des cordiaux les plus doux et les plus agréables.

La racine de l'impératoire fortifie le cœur, et donne de l'activité au suc nerveux, dans les maladies où il paraît ralenti ; en décoction, depuis 4 grammes jusqu'à 12.

Les fleurs d'œillet en infusion ; le sirop d'œillet se donne à la dose de 16 grammes jusqu'à 48 gr.

En décoction : oseille ; feuilles et semences de basilic ; anis ; estragon ; baies de genièvre, lavande ; thym ; romarin ; casse en bois ; scabieuse ; clous de girofle ; coing.

En infusion : fleurs d'oranger ; fleurs de sureau ; fleurs de buglose ; safran dans les aliments, le bouillon ; manger des artichauts ; des pêches ; des cerises ; amandes en émulsion converties en pâte, mêlées avec du jus de citron, d'orange, de grenade.

7° *Diurétiques chauds, remèdes qui provoquent les urines.*

En décoction : racines d'asperges ; feuilles et semences de basilic ; fleurs et feuilles de bruyère ; fleurs et semence de genêt ; estragon ; raifort ; baies de genévrier ; racine de fougère mâle ; bardane ; oignons en aliment et décoction, préférer les blancs ; persil en aliment et décoction ; avaler trois ou quatre échalottes le matin à jeun ; avaler deux ou trois gousses d'ail, aussi le matin à jeun.

8° *Diurétiques froids.*

En décoction : oseille ; concombre ; courge ; endives ; figues ; raisins ; pissenlit ; graine de lin ; mauves ; guimauve et sa racine ; riz en aliment et décoction ; laitue aussi ; pourpier aussi.

9° *Emménagogues.*

Ou plantes propres à rétablir les écoulements ou mois des femmes, à faciliter l'accouchement, la sortie de l'arrière-faix (tunique qui enveloppe le fœtus), et des vidanges ;

En décoction : aristoloche ronde ; baies de genièvre ; mélisse ; gentiane ; giroflée ; pivoine mâle ; raifort ; cannelle et dans les aliments ; camomille et en lavement ; panais et en aliment ; manger des poireaux ; safran dans les aliments ; feuilles et semences du basilic en décoction.

L'armoise excite les mois, hâte l'accouchement.

La rue provoque puissamment les mois. La dose est de 2 grammes en poudre, remède héroïque, plante suspecte. Consulter le pharmacien-herboriste avant d'en faire usage.

La sabine, autre plante suspecte, est un remède fort actif ; il n'y a que les personnes d'une forte constitution qui doivent en faire usage. La dose est de 2 grammes en poudre. La sabine peut provoquer des hémorragies funestes. On ne doit pas en faire usage sans avoir pris l'avis du pharmacien-herboriste. Les vertus de cette plante sont si violentes qu'on s'en sert pour faire sortir le fœtus mort ou le placenta. Elle peut occasionner la mort.

L'herbe au chat ou catairé provoque l'accouchement et la sortie de l'arrière-faix, excite les mois (les règles).

10° *Emollients ou plantes et leurs produits qui amollissent les duretés, enflures et tumeurs.*

La guimauve est un des meilleurs émollients, on en fait un grand usage en médecine, tant intérieurement qu'extérieurement ; elle est excellente pour adoucir les parties enflammées et pour toutes sortes d'irritations et d'inflammations.

Les feuilles de molène ou bouillon blanc sont très émollientes ; elles conviennent pour diminuer les inflammations, tant internes qu'externes. Ses fleurs, cuites dans du lait et appliquées en cataplasmes, sont bonnes pour calmer et guérir les inflammations.

Les fleurs du lis blanc sont émollientes et rafraîchissantes ; sa racine est bonne pour amener la suppuration. On en fait des cataplasmes étant mêlée à la racine de guimauve, la semence de lin, ou des feuilles de mauve, pour guérir différentes tumeurs ou parties tendues et enflammées.

La mercuriale est émolliente et laxative ; on l'emploie dans les lavements.

La mie de pain cuite dans du lait avec des jaunes

d'œufs est bonne pour combattre la tension et l'inflammation de différentes parties.

Camomille en décoction, lavements et cataplasmes : poirée écrasée et appliquée ; séneçon en décoction et cataplasmes ; fleurs de sureau et de violettes en décoction et cataplasmes.

Les farines d'orge, de lin, de lentilles, de pois, de sarrazin, de fèves, de lupins, de fenu grec, d'orobes et de son, tous excellents émollients, en cataplasmes.

11° *Fébrifuges, ou remèdes tirés des végétaux pour guérir les fièvres.*

En décoction: verveine, depuis 30 jusqu'à 60 grammes ; seconde écorce du frêne, dans les fièvres quartes; semences de navet, dans les fièvres malignes.

En infusion: germandrée ou petit chêne, pour les fièvres intermittentes, étant infusée dans du vin ; racine de gentiane ; petite centaurée, ses sommités, une ou deux pincées ; quinquina à la dose de 8 grammes ; camomille. Le suc de citron rafraîchit et calme beaucoup la fièvre. Le chardon étoilé est un puissant fébrifuge. On en tire le suc et on le donne à la dose de 48 grammes dans le frisson de la fièvre.

12° *Humectants ou plantes propres à délayer les humeurs et à les lubrifier par leurs parties aqueuses.*

En décoction : les mauves de jardin ; séneçon ; racines de trèfle ; oseille ; lentilles d'eau ; laitue ; cynoglose ou langue de chien ; fleurs et racine de guimauve ; chicorée ; buglose ; pulmonaire ; gruau ; manger : des pommes cuites ; des prunes ; des fraises et des framboises.

13° *Narcotiques, ou remèdes qui font dormir.*

En décoction : pavots rouges et blancs ; gruau ; laitue ; fleurs de narcisses ; cynoglose ou langue de chien ; fleurs, semences d'argémone ou pavot épineux ; nénuphar. La graine rôtie du jonc en petite quantité, bue dans du vin mêlé d'eau, fait dormir.

14° *Pectoraux, ou plantes pectorales, propres à adoucir les humeurs âcres qui tombent dans la gorge, à faciliter les crachats ou l'expectoration, et très bonnes pour calmer la toux, les maux de poitrine.*

La réglisse est un des premiers pectoraux ;
Le riz en aliment convient aux tempéraments délicats ;

L'orge tempère l'ardeur du sang ;

Le suc de navets ;

Le pavot blanc ; il convient aussi surtout lors-qu'il y a toux opiniâtre et convulsive ;

La graine de lin ;

Le miel, très adoucissant, convient dans les maladies qui affectent le poumon ;

Les jujubes et les figues sont très pectorales ;

L'avoine est aussi adoucissante ; amandes douces ; raisins secs ; pourpier, en mettre aussi dans les aliments ; pignons ; pulmonaire ; coquelicot ; prendre toutes ces substances en décoction.

15° *Purifiants, ou plantes pour purifier le sang.*

En décoction : buglose ; aigremoine ; cresson, aussi en aliments ; racines de fenouil ; fumeterre ; pervenche ; pourpier, en mettre aussi dans les bouillons ; véronique mâle ; pissenlits, et en manger ; gaïac ; chicorée et en manger ; cerfeuil ; manger des framboises ; des écrevisses ; des épinards.

16° *Rafraîchissants ou plantes rafraîchissantes propres à calmer l'agitation des humeurs.*

En décoction et en aliments : oseille ; laitue ; chicorée sauvage ; pourpier ; raiponces.

En décoction : séneçon ; endive ; violettes ; buglose; trèfle; manger : des groseilles; des pêches; des pommes cuites; des fraises; des framboises.

Les semences de concombre, de melon, de courge et de citrouille, nommées les quatre semences froides majeures, sont fort en usage pour rafraîchir; elles éteignent la soif, les ardeurs d'entrailles, et calment les mouvements impétueux du sang. On les pile dans un mortier, en ajoutant peu à peu de l'eau qui, mêlée avec ces semences, prend une couleur laiteuse : On passe à travers un linge avec expression, et l'on en fait usage.

17ᶜ Relâchants, ou remèdes propres à lâcher le ventre.

En décoction : lentilles; poirée ou bette; bourrache; mercuriale; mauves; tamarins; manger : des cerises; pêches; pruneaux; pommes cuites; miel; veau, et en faire du bouillon.

18° Sternutatoires, ou plantes pour faire éternuer et purger le cerveau :

Faire dessécher les plantes suivantes et les réduire en poudre : muguet de mai; marjolaine; sauge; bétoine; marrons d'Inde pulvérisés; tabac (éviter de s'y habituer, étant malfaisant).

19° *Stomachiques, ou plantes qui fortifient l'estomac et facilitent la digestion.*

En décoction : racine d'angélique ; écorce de citron ; estragon ; serpolet ; valériane ; semences de navets ; écorces d'oranges.

En infusion : fenouil ; feuilles ou fleurs de souci ; safran 6 décigrammes dans du vin ; manger des truffes noires ; vanille ; absinthe ; clous de girofle ; menthe crépue ; sauge ; muscades dans les aliments.

Les baies de genièvre ont la vertu de relever le ton des organes de la digestion, dans le dégoût, après les grandes maladies.

20° *Sudorifiques (pour provoquer la sueur ou la transpiration).*

En infusion : fleurs de sureau ; fleurs de hyèble ; racine séchée de vipérine pulvérisée ; scabieuse ; feuilles et fleurs de bruyère, elles excitent aussi les urines ; bourrache ; racine de bardane pulvérisée ; sassafras.

En décoction : lavande ; feuilles et écorces de noyer ; thym ; écorce ou bois rapé de gaïac, dose : 8 grammes dans un litre d'eau ; salsepareille, 60 grammes dans un litre 1/2 d'eau ; squine ; perce-mousse ; chardon bénit ; carotte ; feuilles et bois de buis ; bois de genévrier.

L'ail excite la transpiration et les urines, le prendre en infusion ou en décoction.

21° *Vermifuges ou Remèdes contre les vers.*

En décoction : racine de fougère mâle ; raves, ou son jus ; pourpier ; semence de nielle ; menthe ;

Fleurs et feuilles de pêcher en petite quantité, en infusion ou en sirop ; sucs d'oignon et de citron, même dose, et huile d'olive ; en prendre une cuillerée matin à jeun ;

Le suc de séneçon, à la dose de 60 grammes, tue les vers. Décoction de petite absinthe ou absinthe marine.

22° *Vulnéraires ou plantes ayant la propriété de mondifier ou nettoyer les chairs.*

En décoction : racine d'ache ; petite centaurée ; mouron ; feuilles d'aigremoine ; racine de fougère mâle ; ronce sans épines ; armoise ; grande et petite aristoloche ; avoine ; scordium en décoction dans du vin, bon pour arrêter la corruption.

L'absinthe en décoction convient pour laver les ulcères et les fistules menacés de gangrène.

Les feuilles et fleurs de millepertuis nettoyent avec succès, les plaies.

L'urine réussit très bien pour nettoyer les vieux ulcères.

23° *Apoplexie séreuse ou aqueuse ; Remèdes.*

Mélisse en décoction ; cataplasme de farine de moutarde sur la tête ; muguet et romarin, en poudre, pour faire éternuer.

24° *Asthme. Plantes contre cette maladie.*

En décoction : bugle ; scabieuse ; orties ; hyssope ; marrube blanc ; lierre terrestre ; petite aristoloche ; rave ou son suc ; navets, et en manger.

Les fleurs de coquelicot en infusion ou en sirop.

25° *Bouche (ses maladies), gencives, gosier et luette. Plantes propres à faire des gargarismes sans rien avaler.*

En décoction :

Les figues, sont très bonnes pour les âcretés de la bouche.

Les feuilles et sommités de framboisier sont bonnes pour tous les maux de la gorge.

Le cresson d'eau est très bon pour purifier et nettoyer les ulcères de la bouche.

L'aigremoine est excellemment bonne pour les inflammations de la bouche ; on l'emploie comme astringent.

Les dattes sont bonnes pour les âcretés de la bouche.

Les feuilles de hêtre conviennent comme rafraîchissants dans les maux de gorge.

Les sommités des ronces, sans épines, sont très bonnes pour nettoyer et purifier, ainsi que le trèfle et l'ancolie.

La joubarbe est très rafraîchissante ; elle convient dans les inflammations, ainsi que les baies et fleurs de viorne ou clématite.

La fleur de mauve, en infusion, est très rafraîchissante ; elle convient dans toutes les inflammations de la gorge.

26° *Epilepsie (mal caduc, haut mal). Plantes propres à la guérir.*

En décoction : œillets ou leur eau distillée ; serpolet ; le gui de chêne ou d'autres arbres ; muguet ; lavande ; mélisse ; bétoine ; racine de valériane.

Les fleurs de tilleul, en infusion, ou leur eau distillée.

27° *Foie (ses obstructions). Plantes pour les guérirs.*

En décoction : Fleurs de houblon ; laitue ; aigremoine ; racine de fougère osmonde ; cerfeuil ; pissenlit ; chicorée sauvage et en manger.

⌐ Hydropisie. Remèdes pour la guérir.

En décoction : Racine de fougère mâle ; seconde écorce du sureau ; raifort ; racine d'hyèble ; racine de bryone ; prendre l'avis du Pharmacien-herboriste avant d'en faire usage.

8° Gravelle, pierre et colique néphrétique. Plantes pour les guérir.

En décoction : Crosson ; genièvre ; orties ; raifort ; racines d'asperges ; ail ; poireau ; cerfeuil et en faire un cataplasme qu'on appliquera sur les reins ; manger des carottes ; des oignons ; mêler du persil aux aliments ; avaler 2 ou 3 échalotes le matin à jeun.

29° Paralysie. Plantes pour sa guérison.

En décoction : Moutardes (graines) ; sauge ; muguet ; œillets ; romarin ; racine de pivoine mâle.

30° Plaies. Remèdes ou plantes vulnéraires pour les plaies et les ulcères tant intérieurs qu'extérieurs.

En décoction : Marjolaine ; cochléaria ; grande et petite aristoloche ; armoise ; plantain ; tanaisie ; verveine ; pulmonaire ; pervenche ; racines de valérlane ; véronique; absinthe; bétolne; chèvre-feuille; cataplasme de marube noir.

Les plantes suivantes sont très propres à dissou-dre le sang caillé :

En décoction : Cerfeuil ; plantain des montagnes; géranium ou bec-de-grue ; racine d'osmonde; immortelle.

31° *Pleurésie. Plantes contre la Pleurésie.*

En décoction : scableuse ; jasmin ; pissenlit; tussilage ou pas-d'âne ; chardon bénit ; perce-mousse ; scorsonère ou salsifis noir.

32° *Poumon. Plantes propres aux maladies du poumon.*

En décoction : pervenche ; orties ; figues ; choux rouge ; semences de coing ; lierre terrestre ; ma-rube blanc; bugle ; grande consoude ; ache ; pim-prenelle ; véronique ; pulmonaire; pignons blancs ; navets et en aliments ; eau de riz et en manger ; écrevisses en aliments et en bouillon.

33° *Scorbut. Plantes pour sa guérison.*

En décoction : capucines ; fumeterre ; estragon; petite centaurée; lierre terrestre ; extrémité des branches et feuilles de sapin ; cresson et en man-ger ; raifort sauvage et en manger.

La Véronique aquatique ou Beccabumga est bonne pour guérir les ulcères de la bouche.

Le Cochléaria est une plante héroïque pour le Scorbut.

34° *Suppuratifs.*

Plantes dont on se sert pour cuire les tumeurs, les mûrir et les faire suppurer :

Le lis est un excellent suppuratif ; il calme la douleur et l'inflammation. On fait des cataplasmes avec sa racine ; on peut aussi se servir de poireaux écrasés.

L'ail cuit sous la cendre est un excellent suppuratif, ainsi que les : fleurs de camomille ; feuilles et racines de guimauve ; oseille cuite.

Le miel jaune mêlé avec quelques plantes des espèces ci-dessus, est très propre à résoudre et digérer ou cuire les humeurs épaissies et corrompues.

Le vieux levain, mêlé avec des oignons de lis, cuits sous la cendre, est un suppuratif très prompt.

La farine de froment et la mie de pain cuits dans du lait, ou dans de l'eau avec la racine de guimauve, ou d'autres herbes émollientes, adoucissent les humeurs et les disposent promptement à la suppuration.

Les fientes des animaux, surtout celles des pigeons, employées en cataplasmes, sont des suppuratifs très prompts.

35° *Tête. Plantes propres à guérir ses maladies.*

En décoction : la pivoine, sa fleur, sa semence et sa racine ; bains de genévrier ; écorces d'oranges ; sassafras ; valériane ; gui de chêne ; pouliot ; mouron mâle ; café ; racines d'angélique ; verveine ; baies et fleurs de laurier ; feuilles et semences de basilic ; romarin ; serpolet, thym.

En infusion : bétoine ; lavande ; fleurs de tilleul ; fleurs de violettes ; muguet ; manger des framboises.

36° *Vapeurs. Remèdes contre les vapeurs et la passion hystérique.*

En décoction : origan ; têtes de pavots ; sauge ; romarin ; ache ; tanaisie ; panais et safran dans les aliments, aussi des poireaux. L'armoise en décoction fortifie la matrice. — Fleurs de sureau, en infusion.

37° *Yeux. Plantes pour les maladies des yeux.*

La décoction de feuilles de fenouil fortifie la vue ; son eau distillée dissipe les nuages des yeux.

Le plantain est très bon pour rendre le ressort aux organes de la vue.

La pomme de reinette, cuite sous la cendre, en cataplasme sur l'œil engorgé et enflammé, produit de très bons effets.

L'eau de roses est bonne pour les inflammations, ainsi que l'eau de grande chélidoine ou éclaire ; la joubarbe écrasée, aussi.

La décoction de l'ouphraise, convient aux maladies des yeux, ainsi que pour éclaircir et fortifier la vue.

Le lait, surtout celui de femme, est excellent dans les maladies inflammatoires des yeux, pour corriger l'âcreté des humeurs qui irritent ces organes. Il fait aussi disparaître les taies ou taches de sang qui se forment sur l'œil étant injecté du teton sur celles-ci.

38° *Remèdes contre la Jaunisse.*

En décoction : fleurs et semences de genêt ; raifort ; semences de navets ; orties ; patience ; marube blanc ; racines de garance.

39° *Remèdes pour purger.*

Manne ; casse ; séné. — Pour lâcher le ventre : miel ; pruneaux et le jus ; oseille ; poireaux ; huile d'olive vierge.

40° *Aliments et nourriture.*

Le matin, en été, vers 5 ou 6 leures, et l'hiver, vers 6, 7 ou 8 heures on mangeait de la soupe, soit : au lait ; aux choux ; à l'oignon ; au salé (faite avec du porc salé et des choux) ; à l'oseille ou aux herbes ; aux panais et poireaux ; aux haricots ; aux pommes de terre ; à la panade (mitonnée de pain et de beurre).

Vers 9, 10 ou 11 heures, ce repas était composé de pain avec du beurre ou du fromage ; des fruits de saison ; du raisiné, espèce de confiture composée de raisins et de poires, ou de coings qu'on sucrait avec de la cassonade brune ou de la mélasse, car le suc coûtait trop cher, alors ; porc salé cuit, étant froid ; l'hiver, on faisait cuire les fruits au four (pommes, poires, etc.) ; comme repas extra, du lapin. Dans ce temps-là, la majeure partie de la population des petites villes et des campagnes, élevaient beaucoup de lapins, par conséquent, ils étaient à bas prix. On mangeait aussi beaucoup d'œufs qu'on faisait cuire de différentes manières.

Vers 4 heures, on collationnait. Pour ce repas, on se contentait de manger du pain avec du fromage, ou du beurre ; des fruits ; une *trempette* (pain qu'on trempait dans sa boisson).

Vers 7 ou 8 heures, le soir, le plus ordinairement, on ne mangeait que de la soupe. Peu de temps après, on allait se coucher.

Comme nous aurons occasion de le dire plus loin, toutes les bonnes ménagères d'alors cuisaient elles-mêmes leur pain. Le four étant chaud, il servait à faire cuire bien des choses destinées à l'alimentation.

REMARQUE SOMMAIRE OU ABRÉGÉE DES MŒURS ET DE LA MANIÈRE DE VIVRE DE NOS AÏEUX D'AUTREFOIS. LEURS PRINCIPAUX VÊTEMENTS.

Les hommes, il y a près de deux siècles, même ceux qui étaient dans une certaine aisance, étaient vêtus simplement. Les habillements étaient faits avec des gros draps communs. On portait les vêtements très courts : carmagnoles, vestes, etc. — L'été, on les confectionnait avec de la toile.

Dans les faubourgs des grandes villes, et surtout les campagnes des provinces, beaucoup d'hommes étaient coiffés de bonnets de coton ; quelques femmes s'en coiffaient aussi.

La chaussure qui était le plus en usage, était les galoches, espèces de souliers en cuir très fort, dont les semelles étaient le plus souvent de bois. Les ouvriers, ainsi que les ouvrières des villes et des paroisses, ne portaient pas d'autres chaussures, sauf quelques rares exceptions.

Les vêtements des riches étaient confectionnés avec des étoffes de laine plus fine.

En hiver, les heureux remplaçaient le pardessus de nos jours par des manteaux, des carriks, etc., chacun selon ses moyens.

Les costumes des hommes élégants, avant et après la Révolution de 1789, étaient composés d'un habit à longs pans, d'une culotte courte, bouclée au niveau du genou, de souliers aussi avec des boucles, d'un chapeau triangulaire, ou tricorne, mieux, d'un chapeau à trois cornes. La perruque avec queue pendante à son extrémité sur le cou et le haut de l'habit, ce qui nécessitait un certain entretien, ce soin était laissé aux perruquiers.

La poudre blanche, dont le principal ingrédient était l'amidon pulvérisé et parfumé, dont on se servait pour poudrer les perruques et surtout les queues avait un grand inconvénient, c'était celui de graisser le collet et le haut de l'habit.

Dès l'âge de 7 à 8 ans, on faisait porter des queues aux enfants, celles-ci étaient faites à l'aide de leurs cheveux. Tous ces usages se sont un peu continués jusqu'à la déchéance de la monarchie absolue.

Après la Révolution de 1830, on voyait encore, mais rarement, des anciens qui s'habillaient selon l'usage de la vieille mode.

C'est à Bonaparte, le *petit caporal*, ainsi surnommé alors, qu'on a dû de porter les cheveux coupés ras, parce qu'il en avait reconnu l'utilité pour les troupes en campagne ; c'est pourquoi il a ordonné que les cheveux des soldats seraient coupés court. Cette circonstance lui a encore valu un autre surnom, celui de *Tondu*. C'est à partir de cette époque que la généralité des personnes a commencé à se faire tailler les cheveux.

Les dames élégantes faisaient usage de perruques et de papillottes. Celles d'une condition

;noyenne portaient aussi des papillottes, quelques-unes des tours. On nommait ainsi un bandeau de ruban de fil noir garni de cheveux frisés naturels qui remplaçaient les papillottes. On l'attachait, à l'aide de cordons, autour de la tête et l'on adaptait le bonnet au niveau des cheveux de ce tour. Les tours donnaient beaucoup d'occupation aux perruquiers, parce que chaque fois qu'on en avait fait usage, il fallait le leur donner à friser. On disait, alors, que c'était dispendieux. Pour la frisure d'un tour, on payait depuis six liards jurqu'à deux sous, selon la capacité de l'artiste. Quelques-unes de ces Dames portaient aussi des serre-tête, espèce de calotte en tissu noir qu'on mettait sous le bonnet.

Les femmes du peuple, c'est ainsi qu'on qualifiait les Dames qui travaillaient pour vivre, étaient, le plus ordinairement, vêtues d'étoffes très simples, dont le jupon et la camisole formaient le costume ; quelques-unes portaient des mantelets pour éviter le froid. Les moins heureuses, pour se garantir du froid ou de la pluie, relevaient un de leurs jupons sur leur tête pour s'en préserver.

La coiffure, en général, était le bonnet de percale, arrangé de plusieurs façons, il était dépourvu de rubans. Beaucoup portaient des marmottes qu'on voit encore quelquefois maintenant.

Les manteaux ont commencé à être portés par

les Dames de la bourgeoisie, c'est ainsi qu'on nommait celles qui occupaient une certaine position; et, plus tard, les manteaux furent portés par les Dames ayant une certaine aisance, notamment au commencement de la Restauration. Ces dernières suivaient un peu la mode, qui, alors, ne changeait pas souvent. La coiffure des Dames de la petite bourgeoisie était le bonnet dont la richesse de la dentelle faisait le plus grand ornement.

Il n'y avait que les Dames très riches, ou celles de la noblesse, qui étaient vêtues plus élégamment. Les femmes nobles, presque seules, portaient des chapeaux.

Ces usages se sont maintenus, à peu de changements près, jusqu'à la Restauration.

Comme l'ordre et l'économie régnaient généralement dans les ménages, par conséquent, nous l'avons déjà dit, le luxe étant celui de la simplicité, les hommes comme les femmes, même ceux ayant une certaine position de fortune, conservaient soigneusement leurs habits de mariage, et, le plus ordinairement, ceux-ci servaient pour les grandes cérémonies, ou pour le mariage de leurs enfants, sans en rien changer dans la confection.

Comme nous devons être bref, nous appelons l'attention des personnes qui fréquentent les théâtres, où l'on y voit, assez souvent, la reproduction des costumes de l'ancien temps; on les voit aussi sur les peintures et les gravures des différentes époques.

Ce n'est que plus tard, c'est-à-dire à partir du commencement de la révolution de 1830, qu'un travestissement, des plus complets, pour la toilette, particulièrement celle des Dames, a eu lieu, et, que, successivement, on en est arrivé au point où nous en sommes maintenant sous le rapport du luxe.

LEUR NOURRITURE

En général, on se nourrissait de mets simples et grossiers, surtout les habitants des campagnes. Le potage ou la soupe, ainsi que les légumes, le beurre, le lait, le fromage, les œufs et les fruits, étaient la base principale de l'alimentation.

On faisait usage de viandes salées, surtout celle de porc, quelquefois de vache et de mouton, ainsi préparées par les Ménagères ; celles-ci les mettaient dans des vases ou vaisseaux, qu'on nommait saloirs, pour les besoins de la maison.

Dans beaucoup de campagnes on ne mangeait que rarement de la Viande fraîche ou non salée; c'était un luxe qui était réservé pour le jour de la fête du pays ou ceux des cérémonies extraordinaires.

Dans les petites villes et les paroisses (les communes), presque toutes les bonnes ménagères faisaient elles-mêmes leur pain, beaucoup de celles-ci s'entendaient ensemble pour le faire ou pour le cuire dans un four, chacune à son tour.

LEUR FORTUNE

La propriété et la fortune mobilière n'étaient pas aussi divisées qu'aujourd'hui, les valeurs en titres, obligations ou autres étaient peu connues, surtout dans les campagnes. On ne connaissait que les prêts d'argent sur obligations notariées, c'est-à-dire des titres qui étaient reçus chez le Tabellion, c'est sous ce nom qu'on connaissait les Notaires des villages de l'ancien temps.

A cette époque, l'homme et la femme qui possédaient 500 livres (500 francs de rentes, étaient considérés comme étant dans une certaine aisance, puisqu'ils pouvaient se dispenser de travailler pour vivre. Franchement, on l'a déjà vu, on était loin d'être aussi exigeant qu'aujourd'hui, sous tous les rapports. Les glorieux, les ambitieux et les égoïstes se trouvaient en petit nombre. La modestie, l'accord et le désir de s'entr'aider, étaient la gloire de ce temps-là. La sobriété aussi était mieux observée, par conséquent, les maladies moins fréquentes.

LEURS PAUVRES

Ceux-ci étaient à la charge des Provinces qui pourvoyaient à leurs besoins. On les nourrissait économiquement. La soupe était, pour ainsi dire, l'alimentation principale. On distribuait à chaque pauvre un ou deux potages par jour, ceux-ci ne coûtaient pas plus de deux sous chacun.

Ces potages étaient composés ainsi : Pour 6 personnes : eau, 12 pintes et demie ou 25 litres, farine d'avoine rôtie au four avant d'être moulue, 8 onces ou 250 grammes qu'on pouvait remplacer par la même quantité de farine de gruau ou de riz quand le bas prix de celles-ci le permettait ; beurre, 4 onces ou 125 grammes, ou même quantité d'huile ou de graisse, légumes, suffisante quantité.

Les légumes ou les herbes étaient des choux, navets, poireaux, carottes. On les coupait par petits morceaux pour en faciliter la cuisson. Plus tard, on y a joint des pommes de terre. Nous devons signaler qu'au commencement de leur introduction en France, les pommes de terre étaient destinées pour la nourriture des pourceaux. Ce n'est que sous le règne de Louis XVI qu'on a commencé à faire usage de ce précieux tubercule pour notre alimentation.

Pour faire ces potages, on faisait aussi usage,

mais rarement, de la farine de pois ou de fèves ;
on opérait ainsi :

On faisait d'abord bouillir l'eau dans laquelle
on avait mis la farine avec le sel, pour la faire
cuire suffisamment.

Dans un vase, à part, on mettait la graisse ou
l'huile, si c'était du beurre, on avait soin de le
faire roussir, alors, on jetait dedans les légumes
par petites quantités à la fois en ayant le soin de
bien remuer le tout en le faisant bien cuire ; lorsque les légumes ou les herbes ne fournissaient
pas assez de jus, on prenait de l'eau la quantité
suffisante, de celle dans laquelle on avait mis
cuire la farine, pour en faciliter la cuisson. Ensuite on réunissait le tout dans lequel on mettait
la quantité de pain nécessaire pour faire la soupe.
Le bouillon devait être le plus chaud possible,
parce qu'il avait été reconnu que plus le pain était
trempé et que la soupe était mangée chaude, plus
elle fortifiait, rassasiait et désaltérait.

On distribuait à chaque pauvre, en deux fois,
le matin et le soir, un litre de cette soupe. Comme
cela a déjà été dit, chaque potage ne coûtait pas
plus de deux sous.

Cette soupe était réputée pour être d'une qualité telle que, dans des temps peu heureux, et surtout dans ceux de disette, car la disette était à
craindre dans ces temps-là, un homme pouvait
vivre d'un seul de ces potages par jour.

Les mémoires du même temps rapportent, en

parlant de ce potage, que les riches des villes as-
siégées se trouvaient heureux lorsqu'ils pouvaient
avoir un de ces potages par jour, surtout lorsqu'ils
étaient dans un lieu sûr, à l'abri des bombes et du
canon.

Nota.—Au mois de mai ou au mois de septembre,
lorsqu'on avait fait sa provision de beurre, en le
salant, on y ajoutait des herbes odoriférantes, telles
que : du thym, du romarin, de la marjolaine, de
la sauge, du laurier, même de la ciboule et de
l'oignon, qu'on avait le soin de couper bien
menu pour pétrir avec le beurre. Vers le mois
de septembre, on se servait des herbes que
nous venons de nommer, après les avoir fait
sécher au four et les avoir pulvérisées, pour les
mélanger au beurre; c'est dans cet état qu'on
s'en servait pour en faire des potages, en hiver.

Les religieux de l'Abbaye de la Trappe, en Basse
Normandie, aujourd'hui dans le département de
l'Orne, faisaient leurs potages sans beurre, huile,
ni graisse, ils se contentaient d'assaisonner leur
eau avec la poudre des herbes odorantes que nous
venons de nommer.

Après la Révolution de 1789, la mendicité ayant
été permise, les malheureux se réunissaient par
bandes pour aller mendier, soit dans les villages
ou ailleurs. On les voyait, le plus ordinairement,
les jours de foires ou de marchés dans les villes et
les bourgs en assez grand nombre. Ils allaient
s'agenouiller sur le seuil des portes où ils réci-

taient, pendant un certain temps, des prières; alors, on leur donnait un liard ou du pain qu'ils prenaient en remerciant bien, en disant : « Merci, mon bon monsieur ou ma bonne dame, que le bon Dieu et la bonne Sainte Vierge vous bénissent, et je prierai bien le bon Dieu pour vous. »

Quand on ne pouvait pas, ou qu'on ne voulait pas leur donner l'aumône, on s'empressait, assez ordinairement, d'aller leur dire : « Que le bon Dieu vous bénisse, je ne puis rien vous donner », et ils allaient, le plus ordinairement, sans répondre, s'installer devant une autre porte. Cet usage a été maintenu jusqu'aux approches de la révolution de 1830, époque vers laquelle la mendicité a été défendue. On voit encore, à l'entrée de la plupart des villes et des communes, des plaques de fonte gravées qui rappellent que la mendicité y est interdite.

LEURS PRINCIPALES DISTRACTIONS OU AMUSEMENTS

A l'automne, vers les premiers jours du mois de septembre, commençait *la Veillée*, c'est-à-dire que dans les bourgs et les campagnes, on se réunissait dans de petits bâtiments spéciaux qu'on nommait *Cabinets*, ou, lorsqu'il faisait très froid, c'était dans les étables. Les femmes y travaillaient, soit à la couture, à filer du chanvre ou du lin, à tricoter, à fabriquer de la dentelle, à l'aide d'une petite boîte parcimonieusement disposée avec des fuseaux qu'on pose sur les genoux pour travailler et qu'on nomme métier à dentelle. On voit encore, mais rarement, des femmes qui en font usage pour la fabrication de la dentelle.

Les hommes s'occupaient à un travail quelconque ou venaient passer la veillée dans ces lieux pour se distraire. Alors, il n'y avait pas d'autres refuges où l'on pouvait aller s'amuser, car, le plus ordinairement, les paroisses ne possédaient pas de cabarets. Souvent, on récitait ou on lisait des contes amusants, tels que ceux du Petit-Poucet, de Barbe-Bleue, de Cendrillon, etc., ou l'on chantait des chansons honnêtes et morales; exemple, du genre de celle-ci : « C'est un péché que la paresse, mes amis, travaillons sans cesse, c'est pour cela que Dieu nous créa ». Ou, encore : « La nuit règne avec silence, chacun rêve suivant son cœur ; l'enfant rêve les jeux de l'enfance ; le gourmand, mets, vins et liqueurs ; femmes rêvent coquetterie ; le sage, les travers du jour ; ô nuit, tu devrais durer toute la vie, pour ceux qui ne rêvent qu'amour ».

On chantait des cantiques ; des complaintes, telles que celles de Damon et Henriette, du Juif Errant, de Geneviève de Brabant, etc. On jouait aux dominos, aux cartes, au jeu de l'oie, au loto, ou à d'autres jeux amusants et très innocents. Généralement, l'accord, l'union ou la concorde régnaient dans ces modestes lieux où tout se passait amicalement et presque en famille. Les populations d'alors étaient sédentaires et l'on allait rarement s'établir ailleurs que dans son village ; les communications étaient si difficiles. Par suite, les mariages s'y faisaient entre famille et la majeure partie des habitants étaient parents ou alliés. Aussi, dans ces simples et ingénues réunions, aucune action déshonnête n'y avait lieu. L'affreuse discorde y avait rarement accès, et la politique, ce malheur ou cette plaie sociale de notre époque, en était bannie.

PARTICULARITÉS OU CERTAINS USAGES QUI ONT EU LIEU JUSQU'AUX APPROCHES DE LA RÉVOLUTION DE 1830.

La veille de Noël, presque toutes les familles se réunissaient pour aller ensemble à la Messe de Minuit. A l'issue de celle-ci on faisait le réveillon (un repas), qui était spécialement composé de viande cuite, de porc, notamment de saucisse et de boudin.

La veille du jour de l'an, on allait aux portes des personnes aisées y chanter une chanson, dont le refrain était : « Les *aguignettes*, s'il vous plaît », souvent on donnait à la personne qui avait chanté quelque menue monnaie.

La veille des Rois, jour de fête exceptionnel pour la réunion des familles, où à la fin du repas, on partageait un gâteau renfermant une fève, etc. ; dans les mêmes conditions que nous venons de le dire des filles ou des femmes venaient aux portes et, après avoir chanté : « Madame qui est au coin du feu, donnez-nous la part à Dieu », etc., ce jour-là on leur donnait du gâteau. S'il s'agissait de mendiants, on ajoutait une menue monnaie.

Jusque vers la même époque, on avait l'habitude de qualifier les ouvriers de différents noms plus ou moins drôles ; malgré cela, les rapports entre les maîtres et les ouvriers étaient plus sincères dans ce temps-là que ceux des patrons avec les travailleurs d'aujourd'hui. Cependant, on était moins courtois à l'égard des ouvriers que maintenant.

Comme les qualifications de Monsieur, Madame ou Mademoiselle n'étaient pas souvent usitées, même parmi les classes moyennes, on nommait, assez habituellement les ouvriers par leurs prénoms. Souvent on dénaturait le véritable prénom exemple : Si un individu avait pour prénom Jacques, on le surnommait Jacquot ou Jacquet ; si c'était : Pierre, Pierrot ; Nicolas, Coulas, etc. On leur donnait souvent aussi le nom de leur province ; s'ils étaient de la Gascogne, on les surnommait Gascon ; de la Bourgogne, Bourguignon, etc. On leur donnait encore le nom de la ville où ils étaient nés ; s'ils étaient de Tours, Tourangeau ; du Mans, Manceau, etc.

Si c'étaient des femmes ou des filles, lorsqu'elles se nommaient Madeleine, on les surnommait Madelon ; Marguerite, Margot ; Jeanne, Jeannette ; Catherine, Catin ; ou, aussi comme aux hommes, du nom de leur province ou de leur ville natale.

On donnait aussi aux hommes et aux femmes des sobriquets ou surnoms plus ou moins bizarres qui, souvent, prêtaient à rire.

Assurément, aujourd'hui on est plus poli, conséquence du progrès, de l'éducation et de la civilisation.

Cependant, il convient de signaler que des choses fâcheuses ont lieu maintenant ; ce sont celles concernant les rapports entre les patrons et les travailleurs de nos jours, qui laissent à désirer, attendu qu'une entente plus franche devrait exister entre eux.

Il en est de même des relations des supérieurs de beaucoup de conditions avec leurs subordonnés. On se voit quelquefois avec une certaine indifférence qu'il ne nous appartient pas de définir, ce qui ne devrait pas exister dans un pays civilisé et essentiellement démocratique comme le nôtre.

Il y a lieu d'espérer que l'instruction obligatoire pour tous, ainsi que l'éducation, feront disparaître cet antagonisme (idées contraires) et qu'un parfait accord finira par avoir lieu entre les patrons et les travailleurs, les supérieurs et les subordonnés, ainsi que les riches et les moins heureux.

LEURS MONNAIES

On comptait par ℔ (livres), sous, liards, deux liards et deniers. La livre valait un franc ; le liard, trois deniers ; il fallait 12 deniers pour faire un sou ; deux liards, un demi-sou. Il y avait aussi des pièces de six liards ou d'un sou et demi ; des sous ; des deux sous, c'est ce qui composait la monnaie de billon.

Les pièces d'argent étaient ainsi composées : il y avait des pièces de 12 sous ; de 15 sous ; de 30 sous ; des écus de trois livres et de six livres. Ces écus ayant été *rognés*, ils ne pesaient plus leur poids, on était donc obligé de les peser pour en calculer la valeur.

Les monnaies d'or étaient rarement mises en circulation. Il y avait des pièces de 12 livres et de 24 livres. On donnait aussi le nom de Louis à cette dernière pièce.

Dans les foires et les marchés, lorsqu'on vendait des marchandises d'une certaine valeur, où des animaux, on les évaluait, le plus ordinaire-ment, en *écus* de 3 livres ou en pistoles, ces dernières étaient de 10# (livres). Lorsqu'il s'agissait de fortes sommes, on disait : Cent Louis, ce qui faisait 2,400 livres. Plus tard sous l'Empire et sous la Restauration, vers 1804 et 1815, des pièces d'or de vingt francs ayant été mises ón circulation, on disait en vendant une chose 2,000 francs que c'était 100 louis ; si c'était 10 pistoles, on payait 100 francs, etc. En parlant à une personne de laquelle on réclamait un service quelconque, on lui disait : « Si vous voulez ou pouvez faire cela... je vous donnerai un ou plusieurs Louis. »

En ce qui concerne l'usage des anciennes monnaies, beaucoup de personnes jeunes encore actuellement, pourront être étonnées, en lisant ce qui va suivre. Il y a près de 70 ans, celui qui a écrit cet ouvrage a vu vendre dans les marchés des environs de Paris, soit dans un rayon d'environ 15 lieues (60 k.) de cette capitale, le beurre 10 sous et demi la livre ; des œufs 11 sous et demi le quarteron ou les 26 ; des pigeons de Colombier (petits bisets), à 4 sous 3 liards la paire ou les deux ; le plus ordinairement, le prix était de 5 sous, 5 sous et demi ou 5 sous 6 deniers la paire. Alors, avec les deniers ou les liards on faisait l'appoint des sous ; pour ce dernier prix, on disait que les pigeons étaient chers ce jour-là. On opérait ainsi pour payer le prix de toutes les marchandises de peu de valeur.

Chez les boutiquiers d'alors, voire même les apothicaires (c'est ainsi qu'on nommait les pharmaciens d'aujourd'hui), beaucoup de ceux-ci, surtout dans les villes de province; étaient épiciers. Ils vendaient quelquefois pour un liard de réglisse en bois, 2 liards de cérat. En épicerie, ils donnaient pour un liard de poivre, un liard de moutarde, un liard d'amadou, une botte d'allumettes souffrées pour un liard (les allumettes chimiques étaient inconnues), on se procurait du feu, à l'aide d'une pierre à feu, ou silex, qu'on battait avec un certain morceau de fer de forme ovale qu'on nommait briquet, un petit morceau d'amadou était retenu par les doigts sur le silex, il prenait feu au moyen des étincelles qu'on obtenait de la pierre à feu, ou, à défaut du moyen qui vient d'être indiqué, on allait chez ses voisins, la pelle à la main, demander du feu à qui en avait d'allumé. On vendait aussi une chandelle pour 3 liards ou 9 deniers. Dans quelques départements des anciennes provinces, on vendait des chandelles fabriquées avec de la résine, 2 liards la pièce. On se servait aussi pour s'éclairer dans les maisons des campagnes de certaines petites lampes auxquelles adhéraient de longs crochets pour les suspendre au milieu de la maison pour l'éclairer, souvent on l'accrochait à la tablette de la cheminée. Cet éclairage coûtait environ un liard pour la soirée.

Quelques apothicaires des provinces éloignées des grands centres des villes étaient médecins et épiciers.

Les choses se passaient à peu près encore ainsi, il y a environ soixante et quelques années; successivement, combien de changements ont eu lieu !

Depuis aussi plus d'un demi-siècle on a commencé à changer nos monnaies ; successivement, elles ont été toutes remplacées, surtout depuis l'application scientifique du merveilleux système métrique, que tout le monde connaît maintenant. De nos anciennes monnaies, il nous reste encore la pièce de deux sous et celle d'un sou.

Chacun sait que nos monnaies actuelles sont, pour celles de cuivre ou de billon : le centime, les 2 centimes, les 5 centimes et les 10 centimes.

Pour l'argent, les pièces de 20 centimes, 50 centimes, 1 franc, 2 francs et 5 francs.

Quant aux pièces d'or, elles ne sont plus rares, surtout depuis environ trente ans. On voit constamment en circulation des pièces de 5 francs, de 10 francs et de 20 francs. Les pièces d'or de 40 francs 50 francs et de 100 francs, ne sont vues que très rarement, les billets de banque les remplacent.

Nous avons cru, en écrivant cet article, quoique très abrégé, intéresser nos jeunes générations, en leur racontant sommairement quelques anciens et curieux usages qui y sont mentionnés. Il faudrait écrire un volume spécial pour reproduire toutes les coutumes de l'ancien régime.

Nous terminerons ce récit, en disant, avec tout

le monde, qu'il est incontestable que depuis plus d'un demi-siècle, des progrès immenses, sous tous les rapports, ont eu lieu successivement en faveur ou pour le bien-être de la société moderne, notamment ceux de l'application de la vapeur à notre industrie, à la navigation, aux chemins de fer; ceux-ci tout en rapprochant les distances, mettent en communication, en très peu de temps, les peuples de toutes les principales nations, ce qui a beaucoup contribué à l'avancement de notre civilisation, en ajoutant à cela, la découverte du télégraphe, de l'électricité, du téléphone, la guérison de la rage, etc.; toutes ces choses admirables ont eu pour conséquence le bouleversement des usages des siècles passés.

CRI D'ALARME OU APPEL A TOUT LE MONDE, POUR AVISER AUX MOYENS DE FAIRE CESSER L'ABUS FLAGRANT OU CRIMINEL, DE LA FALSIFICATION OU SOPHISTICATION DES DENRÉES ALIMENTAIRES OU DES BOISSONS, QUI PEUVENT ÉCHAPPER A LA SURVEILLANCE DE CEUX QUI SONT CHARGÉS DE LES DÉCOUVRIR POUR EN FAIRE PUNIR LES COUPABLES.

On ne saurait trop insister pour rappeler aux nombreuses Victimes des Spéculateurs que la majeure partie des denrées alimentaires et des boissons falsifiées par ces derniers, altèrent la Santé et finissent par donner la Mort bien avant

le temps marqué par le destin ou la volonté absolue de l'Eternel.

Parmi toutes les heureuses découvertes dont
nous venons de parler et le progrès accompli,
nous ne pouvons pas passer sous silence des faits
déplorables qui se produisent trop souvent, puisqu'ils intéressent la santé publique et la prolongation de notre existence; nous les résumerons ainsi :

Un des plus grands malheurs de notre époque,
c'est que par suite des monbreuses découvertes
qui ont eu lieu dans le domaine de la Chimie, des
personnes peu scrupuleuses se sont empressées,
à cause de l'appas du gain, ou de gros bénéfices,
d'en profiter pour faire usage de Substances à bas
prix, dévoilées par cette science, celles qu'ils ont
reconnues susceptibles d'être mélangées avec des
produits naturels pour en augmenter la quantité ;
ces substances sont généralement très nuisibles à
la Santé et peuvent occasionner la mort, à la
suite d'un long usage.

En faisant ainsi ces mélanges et en les livrant
au commerce ou à la consommation, ces indus-
triels trompent le public en vendant des produits
falsifiés ou sophistiqués, soit denrées alimentaires
ou boissons. Par le fait de cette action criminelle
ou coupable, les produits ainsi vendus sont non
seulement nuisibles à la santé, mais ils ont encore
le grave inconvénient d'altérer nos organes, dont
la conséquence est la cause de Maladies lentes,
que la Science Médicale ne peut définir, qui, accu-

tées à la fatalité des excès commis, abrège d'une manière tragique le terme de notre existence.

Ce qui, suivant la loi, constitue un délit, puisqu'il s'agit de la santé publique et de la vie des personnes, on pourrait, dans ce cas-là, le qualifier de Crime.

Ce délit est prévu et puni par l'article 423 du Code de procédure civile, ainsi conçu (en ce qui concerne les marchandises mises en vente) :

Quiconque aura trompé l'acheteur... sur la nature de toutes marchandises... sera puni de l'emprisonnement pendant trois mois au moins, un an au plus, et d'une amende qui ne pourra excéder le quart des restitutions et dommages-intérêts, ni être au-dessous de cinquante francs. Les objets du délit, ou leur valeur, s'ils appartiennent encore au vendeur seront confisqués.

L'article 1er de la loi du 27 mars 1851 est plus radical, il est ainsi conçu : Article 1er. Seront punis des peines portées par l'article 423 du code pénal : 1° Ceux qui falsifieront des substances ou denrées alimentaires ou médicamenteuses destinées à être vendues ; 2° Ceux qui vendront ou mettront en vente des substances ou denrées alimentaires ou médicamenteuses qu'ils sauront être falsifiées ou corrompues. Paragraphe 2 : Si, dans le cas prévu par l'article 423 du code pénal ou par l'article 1er de la présente loi, il s'agit d'une marchandise contenant des mixtures (ou mélanges) nuisibles à la santé, l'amende sera de 50 à 500 fr., à moins que le quart des restitutions et dommages-intérêts n'excède cette dernière somme ; l'emprisonnement sera de trois mois à deux ans. Le présent article sera applicable même au cas où la falsification nuisible serait connue de l'acheteur ou consommateur.

L'article 1er de la loi du 5 mai 1855 déclare applicable aux boissons les dispositions de la loi du 27 mars 1851, ci-dessus énoncée, en ce qui concerne la falsification ou la sophistication des boissons, soit 50 à 500 fr. d'amende, trois mois ou deux ans de prison, plus la confiscation ou la saisie des dites boissons.

En outre, suivant les termes de l'article 162 du code d'instruction criminelle, la partie qui succombera sera condamnée aux frais, même envers la partie publique, etc.

PRÉCIEUX MOYENS ADDITIONNELS

Substances susceptibles de remplacer le Café des Iles.

Seigle ; orge ; pois chiches ; fèves ; haricots ; glands doux de chêne ; croûtes de pain ; carottes ; racines de chicorée, de préférence, celle des champs.

Griller séparément chaque chose comme le Café, moudre et préparer comme ce dernier.

On peut, si l'on veut, faire un mélange de chaque ingrédient avec le Café.

En grillant le seigle, on y ajoutera une petite quantité de miel ; et à l'orge, aussi, une petite quantité de cassonade.

On épluchera les glands doux de chêne, en ne laissant que l'amande. En les grillant, on leur additionnera un petit peu de beurre frais. Bon pour la santé. Ordonné aux personnes délicates ou faibles de complexion.

Comme il est dit plus haut, pulvériser ou moudre comme le café, et la liqueur se prépare de même.

On préparera et l'on grillera les carottes comme cela a été expliqué à l'article spécial : Vertus et bons effets de la carotte grillée, etc.

Remarque. — Il a été reconnu que l'usage fréquent du Café des Iles était pernicieux aux personnes qui ont la poitrine délicate, qui sont maigres, et dont le sommeil est léger.

Les personnes disposées à la pulmonie, maladie du poumon, doivent s'en abstenir.

Le Café des Iles affaiblit et rend impuissant ou incapable d'engendrer.

Pour remplacer le Tabac à fumer.

Il suffit de faire sécher convenablement des feuilles de pomme de terre ; étant ainsi préparées, elles peuvent parfaitement remplacer la feuille de Nicotiane ou Tabac, quant au goût, sans en avoir les fâcheux inconvénients.

Pour remplacer le Tabac à chiquer ou à mâcher.

Mâcher spécialement de la racine d'Angélique dont il a été parlé plus loin, son usage serait merveilleux pour la Santé ; on pourrait aussi mâcher du bois de réglisse ; du jus noir ou réglisse en bâton ; de la gomme arabique ; du sucre candi ; des baies ou fruits du genévrier ; du cresson de fontaine ; du radis gris. Toutes ces substances végétales, ou autres, seraient excellemment bonnes pour la santé. Au contraire, en mâchant du tabac, outre les inconvénients dont il est l'objet, il est nuisible à la santé, à cause de la *Nicotine* qu'il contient, celle-ci étant un poison lent, pour ne pas dire violent.

Pour remplacer, avec avantage pour la santé,
la Goutte ou le petit verre du matin.

Boire *un petit verre* de la liqueur connue sous le nom de *Vulnéraire* qu'on trouve chez tous les liquoristes, les pharmaciens-herboristes et les épiciers.

Cette boisson est composée de plantes dont la vertu consiste à atténuer et diviser les humeurs, dont les principales sont : les mélisses, les menthes, l'hysope, la camomille, la sauge officinale, les fleurs de romarin, qu'on fait macérer ou séjourner dans de bon alcool pour en extraire la quintessence, soit par distillation, ou en filtrant la liqueur à travers un linge serré.

On peut boire aussi un petit verre d'élixir de longue vie, dont la recette a été précédemment donnée. Cette liqueur, ainsi que le Vulnéraire, au lieu de démoraliser et d'abréger l'existence, comme le font la plupart des boissons alcooliques, celles-ci étant, le plus ordinairement, mal préparées ou de mauvaise qualité, tandis que l'Elixir et le Vulnéraire, s'ils sont bien faits, fortifient l'Estomac et prolongent la Vie.

Pour prévenir l'Ivresse.

Manger *modérément* des amandes amères avant de faire des excès de boisson.

REMARQUE. — Si l'on mangeait une certaine quantité d'amandes amères, il pourrait se produire des conséquences fâcheuses, et, par suite, un empoisonnement. Les amandes du noyau de pêche et d'abricot pourraient avoir les mêmes inconvénients.

Pour désenivrer ou faire cesser l'Ivresse.

Tremper un linge dans du vinaigre et l'appliquer sur le scrotum, testicules ou bourses des parties sexuelles.

*Pour rendre le teint clair et faire disparaître
les taches de rousseur, dites de son.*

Déposer ou exposer à la rosée du printemps, surtout celle du mois de mai, un mouchoir ou un linge fin quelconque de manière à le laisser mouiller par la rosée ; en s'en lavant le visage cela fait disparaître les taches de rousseur et le teint devient clair.

*Pour faire croître les cheveux et en augmenter
le nombre.*

Couper par tranches des oignons blancs, les faire infuser dans de bon rhum pendant environ un mois, s'en frotter la tête le matin et surtout le soir avant de se coucher pendant un certain temps.

Pommade recommandable.

Si, après avoir fait une maladie, les cheveux étaient tombés, on a reconnu qu'une pommade composée de 30 grammes d'huile de ricin et de 20 grammes de bonne eau-de-vie, étant mélangés, les faisaient repousser, n'importe l'âge de la personne.

Cette pommade a aussi la vertu de conserver la chevelure et n'a pas l'inconvénient de graisser.

GUIDE DE PRÉVOYANCE A L'USAGE DES RENTIERS, FONCTIONNAIRES, EMPLOYÉS OU TRAVAILLEURS QUI DÉSIRENT SAVOIR, DE SUITE, CE QU'ILS ONT A DÉPENSER OU A PAYER CHAQUE JOUR, A RAISON DE LEUR REVENU, TRAITEMENT OU SALAIRE, ET PAR AN.

En chiffres ronds.

Par jour	fr.	Par jour	fr.
5 c. font par an	18	2 74 c. font par an	1.000
10 c. —	36	5 48 c. —	2.000
15 c. —	54	8 22 c. —	3.000
20 c. —	73	10 96 c. —	4.000
25 c. —	91	13 70 c. —	5.000
30 c. —	109	16 43 c. —	6.000
40 c. —	146	19 18 c. —	7.000
50 c. —	182	21 92 c. —	8.000
60 c. —	219	24 66 c. —	9.000
70 c. —	275	27 40 c. —	10.000
80 c. —	292	41 10 c. —	15.000
90 c. —	329	54 79 c. —	20.000
1 » c. —	365	68 50 c. —	25.000
1 10 c. —	400	82 59 c. —	30.000
1 37 c. —	500	109 59 c. —	40.000
1 64 c. —	600	136 99 c. —	50.000
1 92 c. —	700	164 39 c. —	60.000
2 19 c. —	800	219 18 c. —	80.000
2 47 c. —	900	273 97 c. —	100.000

TABLE DES MATIÈRES

CONTENUES DANS L'OUVRAGE

DEUXIÈME PARTIE

Imp. de la Soc. de Typ. - Noizette, 8, r. Campagne-Première. Paris.